Rainer Nikowitz

# Ein Lama für Mama

Tagebuch einer Weltreise

UEBERREUTER

ISBN 978-3-8000-7387-0

Covergestaltung: Kurt Hamtil, Verlagsbüro Wien
Coverfoto: © Bildagentur Waldhäusl / Marion Fichter und © istockphoto.com

Druck: Druckerei Theiss, A-9431 St. Stefan i. L.
Gedruckt auf Salzer Papier
7 6 5 4 3 2 1

Ueberreuter im Internet: www.ueberreuter.at

# INHALT

# VORWORT

Immer wieder einmal in den vergangenen Jahren traten Menschen auf mich zu, die das Gespräch mit folgendem Satz begannen: »Sie haben doch einmal diese Weltreise gemacht. Ich habe diese Geschichten damals so gerne gelesen – gibt's die noch irgendwo?«

Nein. Gab es nicht. Bis jetzt.

Denn jetzt hat sich der Verlag Ueberreuter dankenswerterweise dazu aufgerafft, eines der himmelschreiendsten verlagspolitischen Versäumnisse, die in den letzten Jahren in Österreich passiert sind, aus der Welt zu schaffen:

Endlich gibt es jene Serie, in der ich einst in der Kurier-»Freizeit« von meiner 15 Monate dauernden Weltreise berichtete, auch als Buch. Zum Wiederlesen für jene, die sich noch erinnern können, und zum Neuentdecken für die anderen.

Die beschriebene Reise dauerte von März 1996 bis Juni 1997 und gliederte sich im Groben so: drei Monate Südamerika, drei Monate Afrika, sieben Monate Asien, zwei Monate Australien. Die dabei bereisten Länder waren Argentinien, Chile, Bolivien, Peru, Brasilien; Swasiland, Mosambik, Malawi, Tansania; Indien, Nepal, Thailand, Vietnam, Hongkong, Indonesien; und eben Australien. Ich hatte zu Beginn natürlich eine ungefähre Route geplant. Sie änderte sich unterwegs jedoch immer wieder.

Ich reiste mit Rucksack und kleinem Budget. Hotelzimmer, die mehr als 20 Dollar kosteten, sah ich nie von innen. Nur im allerersten Monat wurde ich von einem Freund aus Wien begleitet. Und manchmal wuchsen mir andere Reisende zu, die mir eine Zeit lang Gesellschaft leisteten. Aber meistens war ich allein unterwegs.

Die Texte wurden unterwegs geschrieben und erschienen wöchentlich in der Kurier-»Freizeit«. Das Schreiben von unterwegs war zwar mühsam – und kostete Zeit, die vom Reisezeit-Budget abging –, brachte jedoch meiner Meinung nach doch deutlich mehr Unmittelbarkeit mit sich, als ein später zu Hause geschriebener Text gehabt hätte. Die Texte wurden für dieses Buch zwar von Übertragungsfehlern befreit, ansonsten aber nicht verändert.

Da 1996/97 auch die Verbreitung des Internets noch eine völlig andere war als heute, bedeutete dies folgende Arbeitsweise für mich: Zuerst den Text einmal mit der Hand schreiben – Laptop? Sie scherzen! –, dann in Reinschrift übertragen. Und dann ein funktionierendes Faxgerät finden. Letzteres entpuppte sich in manchen Weltgegenden überhaupt als größte Herausforderung.

Und übrigens hieß die Währung, die Österreich damals hatte, Schilling. Sie kommen auch in einem Text noch vor, in dem die Umrechnung auf Euro nicht möglich gewesen wäre.

Mein – später – Dank gilt dem Chefredakteur der Kurier-»Freizeit«, Michael Horowitz, ohne den es diese Reise nicht gegeben hätte. Und weiters Hilde Chmela, die sich Woche für Woche der eher undankbaren Aufgabe unterwarf, meine Faxe zu entziffern.

Rainer Nikowitz

KARTE
PERU
Machu Picchu
Cuzco
BOLIVIEN
Nazca
Titicaca-See
Puno
La Paz
Llallagua
Potosi
Vol. Ollagüe
Uyuni
CHILE
San Pedro de Atacama
SÜDAMERIKA
PERU
BOLIVIEN
BRASILIEN
CHILE
ARGENTINIEN
Puerto Pirámides
Puerto Madryn
Sarmíento
Comodoro Rivadavia
Los Antiguos
CHILE
ARGENTINIEN
Rio Gallegos
Puerto Natales
Punta Arenas
Ushuaia

# SÜDAMERIKA

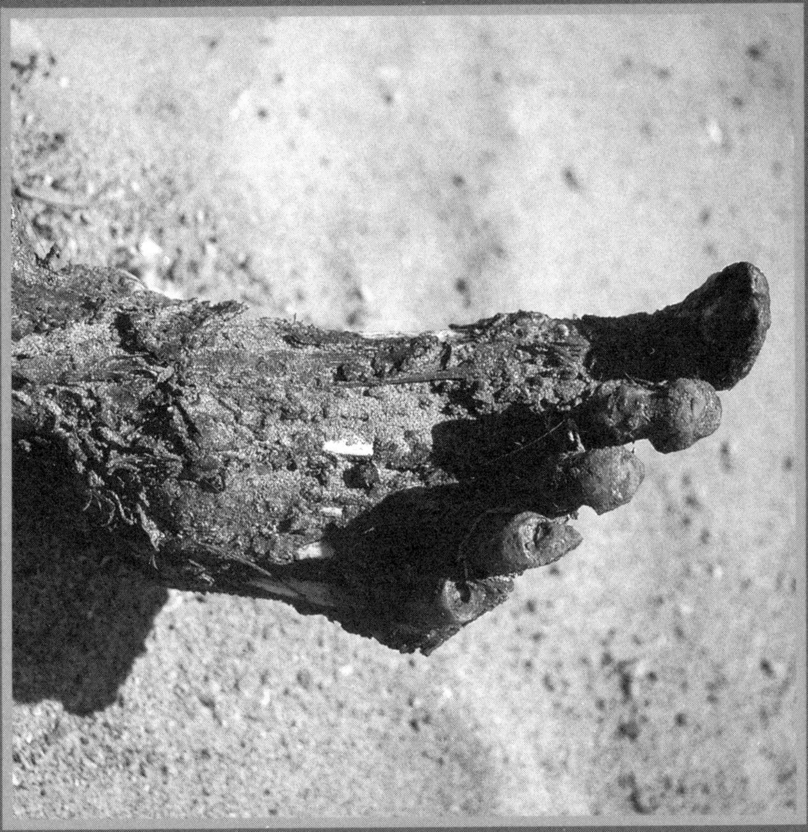

# ARGENTINIEN

## Langsam fahren, Schafe!

Der Pinguin ist mindestens 10 Meter groß. Er schaut nach Osten, wie alles in Patagonien, das die Wahl hat, jeder geduckte Strauch, jedes dürrgelbe Grasbüschel. Von Westen kommt der Wind, rast die Anden hinunter, und alles, was sich ihm vielleicht vor Jahrtausenden in den Weg stellte, hat er längst in den Atlantik geblasen. Wenige rund geschliffene Hügelketten und einzelne sture Plateaus warten noch darauf. Im verschwenderisch großen Rest Patagoniens besteht die Welt aus oben und unten, so flach ist er.

Der Werbe-Pinguin hat keine Einschusslöcher. Das ist selten entlang der Ruta 3. Den jungen Männern Patagoniens ist manchmal fad. So gut wie jedes Verkehrszeichen ist zerschossen, auch Schilder, auf denen »Nächstes Telefon 100 km« steht oder wo ein See-Elefant lungert, ohne Kilometerangabe (Wildwechsel wahrscheinlich).

Puerto Madryn ist, wie alle anderen paar Städte, die zumindest die Größe von Stockerau erreichen, ein Ort, von dem man nur eines will: wieder weg (in Stockerau geht's mir genauso). Im Gemeinschaftsbadklo des Hotels hängt ein Zettel. »Es ist verboten, sich lange zu waschen und auf die Klobrille zu urinieren.« Gezeichnet: »Die Großmutter.« Die Dame von der Autovermietung gibt uns einen zittrigen Renault 12, dessen Tagesmiete nah an seinen Schätzwert heranreicht, und einen Rat. »Langsam fahren, Schafe!« sagt sie auf Deutsch. Mehr hat sie leider nicht gelernt vom Opa, der von Hamburgo nach Patagonien ausgewandert ist, wie viele Europäer um die Jahrhundertwende, als die Schafbarone im Süden noch Arbeitskräfte brauchten.

Puerto Madryn lebt heute davon, die am wenigsten weit von der Peninsula Valdés – der Halbinsel der Wale – entfernte Stadt zu sein, und wenn die das wüssten, kämen sie sicher nie wieder.

Auf Valdés selbst gibt es nur ein einziges Dorf mit dem unerklärlichen Namen Puerto Pirámides, 90 Einwohnern und einer Feuerwehr, der die Verkehrssicherheit auf den Schotterpisten sehr am Herzen liegt.

Am Weg zu den Walen steht ein ausgebranntes Autowrack auf einem penibel gemauerten Sockel, ein Schild lehnt daran, weil umgeschossen. »Danke fürs Langsam-Fahren – Ihre Freiwillige Feuerwehr.«

Im Herbst ist die Zeit der Orcas, und wenn sie auftauchen, dann bei Sonnenaufgang. Also schlafen wir in der Nähe ihres Fressplatzes, einer Seelöwenkolonie, unter freiem Himmel. Mein Begleiter macht so etwas öfter, seit im Alter von zwölf Jahren eine »Sir-Irish-Moos«-Werbung sein Leben grundlegend veränderte.

Vielleicht hätten mich meine Eltern doch öfter fernsehen lassen sollen, als ich klein war.

Die Nacht ist klar und so weit wie nie zuvor. Wir hören »Radio Österreich International« am Weltempfänger. Es gibt nichts Neues. »Und ich werde mich für die fleißigen und anständigen Österreicher ...« Ein Schaf blökt in der Ferne.

Die Orcas kommen am nächsten Morgen tatsächlich. Sechs sind es insgesamt, die Jagd auf die Seelöwen machen. Immer wieder surfen sie bis an den Strand, wälzen sich mühselig wieder ins Wasser zurück. Sie erwischen zwei kleine Seelöwen.

Am Beobachtungspunkt sind anwesend: ein japanisches Filmteam (vier Mann), ein amerikanisches Filmteam (zwei Mann). Mit diversen Weiterverwertungen werden da weltweit einige »Universen« draus. Weiters: eine amerikanische Fotografin, ein amerikanischer Fotograf (unsichtbar, weil irgendwo in Tarnstellung), ein amerikanischer Journalist, der eine Geschichte über den offenbar berühmten unsichtbaren Fotografen schreibt und sauer ist, weil er ihn schon 48 Stunden nicht mehr gesehen hat.

Der Begleiter fühlt sich schlecht, weil er als Einziger keinen Presseausweis hat.

Wieder auf der Ruta 3, Richtung Süden. Es ist kaum Verkehr auf der nahezu einzigen Asphaltstraße Patagoniens, nur einige Lkw freuen sich über jede Abwechslung und blenden auf, wenn man sie passiert. Wir verkalkulieren uns mit dem Tanken, weil wir erst lernen müssen, dass die meisten auf der Karte verzeichneten Punkte (»Orte unter 500 Einwohnern«) aus einem bis drei Häusern bestehen.

So auch Pampa Salamanca, die letzte Hoffnung. Nur ein trauriges kleines Restaurant. Es ist schon dunkel, hinter einem beschlagenen Fenster hantiert ein weißhaariger Mann mit einer Gaslampe. Ich frage nach der nächsten Tankstelle.

»60 Kilometer«, sagt er, ohne aufzuschauen. In der Ecke sitzt eine Frau und streckt ihre Hände einem blasssilbernen Ofen entgegen.

»Das schaffen wir nicht mehr. Haben Sie vielleicht Benzin?«, frage ich, es ist mir sehr unangenehm.

»Fünf Liter kann ich dir geben«, sagt er, holt einen Schlauch und einen Kanister, saugt die fünf Liter aus dem Tank seines Ford Falcon.

Später trinken wir Kaffee, die Frau sitzt am Nebentisch, löffelt die Tasse aus, spricht kein Wort. Vor mehr als 20 Jahren sei er aus Chile gekommen, es gab keine Arbeit dort, erzählt der Mann. In Argentinien war es besser, bis auch hier das Militär putschte. »Man gewöhnt sich an alles.« Auch an die eiskalten Winter, ein Leben ohne Strom, die Einsamkeit. Außer ihm und seiner Frau lebt niemand hier. Die Lkw-Fahrer bleiben wenigstens manchmal stehen. Touristen? »Nur, wenn ihnen das Benzin ausgegangen ist.« Er lächelt zum ersten Mal. Sieben Pesos verlangt er, wir zahlen zehn. Wir seien gute Freunde, sagt er.

Die Frau erwidert den Abschiedsgruß nicht. Der alte Mann winkt aus dem Fenster, als wir weiterfahren.

## Asche aufs Haupt

Wie in vielen anderen Metropolen der Welt ist auch die Innenstadt in Comodoro Rivadavia eine Kurzparkzone.

Ich will das Strafmandat bezahlen und gehe, wie auf der Rückseite des Zettels befohlen, zum »Tribunal de Faltas«, das sorgsam hinter einem Schnellimbiss im Busbahnhof verräumt ist. Eine Amtsperson erklärt, hierorts sei man für Vergehen an ungeraden Tagen zuständig, sohin nicht für mein heutiges. Ein anderes Tribunal, einige Kilometer außerhalb des Zentrums, widme sich den geraden Tagen. Ich solle aber erst morgen dorthin gehen – es habe nämlich nur an ungeraden Tagen geöffnet.

Am Nachmittag desselben geraden Tages stehe ich im versteinerten Wald von Sarmiento, 200 Kilometer westlich aller Tribunale.

Graue Kegel und Buckel lehnen am Rand eines trockenen Tales ohne jede Vegetation. Sie sind aus weichem Sandstein, der von einem fein verzweigten Adernsystem senkrecht durchzogen wird, als hätte auch er einmal gelebt und nicht nur die Bäume, auf die er vor Millionen Jahren als Vulkanasche gefallen ist. Regen und Wind exhumierten viele der Bäume wieder, legten unversehrte Stämme frei, braun-rot-weiß gemaserte Riesen, wie frisch geschlägert. Oder Splitter, an den Fuß der Hügel geschwemmt, knirschende Geröllhalden aus Steinholz. Die andere Seite des Tales wird von flachgedrückten Bergen umschlossen, roten, grünen und violetten Mauern.

Mein Hirn taumelt. Ich sehe ekstatische Zeremonien mit Menschenopfern; Raumschiffe aus weißem Licht. Und schließlich, in einen Felsen geritzt: »Dieter from Austria was here.« Super, Dieter.

Der Wächter des Waldes ist ein junger Mann, auf die Eintrittskarten stempelt er das Datum von vorgestern. Er spricht nicht viel und wenn, dann merkbar nicht gern. Bald holt er ein zotteliges Pferd aus dem Stall und reitet weg. Wir bleiben zurück mit seinem alten Hund, der um Essen bettelt. Er hat kaum noch Zähne. Der nächste Winter wird sein letzter sein.

Die Wirtin der Hosteria in Los Antiguos, eine Frau um die 50 mit blond getönten Haaren und zu viel blauem Lidschatten, zappt sich mit zusammengekniffenen Augen durch ihre vielen Fernsehprogramme.

Hier in Patagonien ist ein Lokal ohne ständig laufenden Fernseher ein schlechtes Lokal. Hauptsache, der Gefährte sagt irgendwas, auch die Wirtin sucht nichts Bestimmtes.

Gäbe es gerade eine Fußballübertragung, müsste natürlich die laufen. Und wäre es Vormittag, dann die tägliche Live-Übertragung des María-Soledad-Prozesses, dessen Bedeutung für Argentinien jener des O.-J.-Simpson-Verfahrens in den USA gleichkommt. 1990 wurde die 17-jährige Klosterschülerin María Soledad Morales in der abgelegenen Andenprovinz Catamarca vergewaltigt, gefoltert und ermordet. Catamarca und seine Bewohner, größtenteils arme, tiefreligiöse Bauern, standen über Jahrhunderte praktisch im Privatbesitz einiger mächtiger Familienclans, egal, wer in Buenos Aires gerade regierte.

Unter sehr dringendem Mordverdacht wurde nun Guillermo Luque verhaftet, Sohn eines der wichtigsten Provinztyrannen. Er saß gerade so lange im Gefängnis, bis der Papa zum Telefon griff. Dann taten die so fügsamen Bauern aber etwas, das sie noch nie gewagt hatten. Sie gingen auf die Straße, immer wieder und zu Tausenden, geführt von Marías Lehrerin, einer Nonne. Sie schwiegen, und auf ihren Plakaten stand nur ein Wort: »Justicia!« Gerechtigkeit. Bald wurde im ganzen Land demonstriert, die Oligarchie begann zu wanken. Jetzt steht Luque vor Gericht, nach sechs Jahren. Alle wollen ihn verurteilt sehen und machen davon abhängig, ob sie der Justiz und damit dem Staat vertrauen sollen.

Als wir die Entscheidung mit der Straße treffen, läuft gerade »Dr. Quinn – Ärztin aus Leidenschaft«. (Es tut eigentlich nichts zur Sache, ich erwähne das nur des Ambientes wegen. Jane Seymour ist unschuldig.)

Bei der Polizeikontrolle am Ortseingang hatte der Polizist (er trug eine kugelsichere Weste – wen erwartete der Mann?) scharfkantige Kommandos durch das rechte Autofenster geworfen. Papiere! Pass! Woher? Wohin? Was ist der Sinn des Lebens? (Er sprach ein etwas problematisches Spanisch.) Von links reichte gleichzeitig ein müder junger Mann Prospekte herein, die Schönheit und Fischreichtum des nebenan liegenden Lago Buenos Aires lobten.

Bei »Dr. Quinn« entdecken wir nun, dass diese Prospekte auch die Existenz einer Straße versprechen, die in unserer Karte nicht eingezeichnet ist.

Der Campingplatzbesitzer sagt am nächsten Morgen: »Die Straße ist nicht fertig.« Der Tankwart sagt nur: »Nach der Brücke links.«

Tankwarte sind die größten Lügner unserer Zeit.

Los Antiguos wurde übrigens vor fünf Jahren von einem chilenischen Vulkan mit Asche zugeschüttet. Hätte man in Ruhe alles versteinern lassen, wäre die nächste Geschichte nicht passiert.

## El condor pasa – ein Einhorn auch

»Da war es, das Einhorn von Pater Palacio. Das kann nicht sehr alt sein, dachte ich. Aber wenn es alt war, wirklich alt, dann musste es ein Einhorn sein. Am Fuß des Felsens war eine Art Opferaltar. Auf ihm lagen eine Puppe, eine Dose Nestlé-Milch und einige abgebrannte Kerzenstummel.« (Gedächtniszitat aus »In Patagonien« von Bruce Chatwin, 1977. Gedächtnis deshalb, weil Buch in der Zwischenzeit weg – worüber noch zu berichten sein wird.)

Die Straße, die es auf unserer Karte nicht gab, von deren Existenz aber der lokale Tankwart wusste, sollte von Los Antiguos entlang der Anden zu der Felsmalerei mit dem Einhorn führen. Es konnten höchstens 100 Kilometer sein, nicht einmal auf patagonischen Straßen mehr als vier, fünf Stunden.

Nach eineinhalb Tagen haben wir schon 70 Kilometer geschafft.

Die Sonne geht gerade unter und der humoristisch begabte Begleiter sagt: »Gut, dass wir eine Schaufel haben«, während wir das Auto aus einer sumpfigen Wiese freigraben. Mit den Händen. Ich meine damit, nur mit den Händen. Wir tun das seit drei Stunden immer wieder. Zwei kleine Steinbrücken haben wir auch gebaut. War ideal zum Händewaschen.

Umkehren kommt nicht in Frage. Hinter uns lauert der Fluss des Grauens. Am Abend zuvor endete die Fahrt an ihm, dem vierten ziemlich großen Fluss des Tages. Er war zu tief, die Steine im Bett zu groß (ja, die Brücke als solche existiert auch in Patagonien. Nein, nicht überall).

Wir fanden ein Gaucho-Camp in der Nähe, mit einer Öltonne als Ofen und einigen Wellblechstücken, aus denen man einen Windschutz bauen konnte. Schaffelle hingen an den Bäumen (man sagt, jeder dürfe in Patagonien jedes Schaf essen, sofern er ihm das Fell ordentlich abziehe und es zurücklasse), leere Weinflaschen lagen herum und eine Schachtel »Vasta – sales antiacides y digestivas.« Bei uns heißt das Samarin.

Die Nacht war kalt; ein Schlafsackhersteller hat mit einer Klage zu rechnen.

Am Morgen schien der Fluss ein bisschen niedriger zu sein.

Wir wagten.

Und verloren.

Der Innenraum des Renaults füllte sich langsam, wir räumten panisch Steine aus dem Weg. Zum Glück sprang der Motor wieder an und ich erinnere mich, völlig entmenscht gebrüllt zu haben, wie ein anabolikastarrender bulgarischer Gewichtheber, als ich wieder und wieder an der Stoßstange zerrte und hob, bis sich das Auto endlich holpernd in Bewegung setzte. Vier meiner Finger waren aufgeschnitten, beide Füße bluteten.

Angesichts solcher Alternativen suhlt man sich lieber im Schlamm.

Mit Fluss und Sumpf beschreibe ich jetzt nur die Höhepunkte. Auch der Rest des Weges verlief so interessant, dass wir manchmal nicht ganz sicher waren, noch auf ihm zu sein.

Die Landschaft aber war betörend. Rechts schneebedeckte Berge, an deren Flanken herbstrote Wälder hinaufkrochen. Links zuerst gelbe Grashügel, dann gewagte Sandsteinfiguren und schließlich Vulkanwüste, perfekte schwarze Kegel, ein tiefroter Zacken, der dem Matterhorn ähnlich war. Als wir uns wieder einmal verfahren hatten und auf einem Hügel die Lage überdachten, kreisten zwölf Kondore über uns, ohne einen einzigen Flügelschlag auf dem Wind liegend.

In einer Felsenhalde, die ein zerfallender rotgrüner Berg auf den Weg geworfen hatte, trafen wir Manuel. Wir müssen ihm reichlich lächerlich erschienen sein, zwei mittelschwer hilflose Gringos (Ausländer), hier oben. Aber er ließ sich nichts anmerken, wartete bewegungslos im Sattel, stieg erst ab, als ich zu ihm hinging. Er trug die typische, sehr weite dunkelblaue Gaucho-Hose, eine vollkommen zerschlissene Jeansjacke und eine braune Baskenmütze.

Gauchos reden nicht viel, zumindest nicht mit Fremden. Das Gespräch wurde mir rasch zu karg, ich war schon wieder beim Einsteigen, als er mir nachrief: »Wollt ihr euch ausruhen und Maté mit mir trinken?«

Maté ist, sehr vereinfachend gesagt, eine Art Tee. Zum Ritual gehört, dass ihn alle Anwesenden mit demselben Metallröhrchen aus demselben hohlen Kürbis trinken. Von jemandem zu Maté eingeladen zu werden, ist eine Ehre.

Die Hütte von Manuel Morales Álvarez lag ein Stück abseits der Straße, in einem kleinen Tal. Neben ihr hing ein halbes Lamm auf einer hohen Stange. Die Hütte bestand aus aufeinandergeschichteten Felsblöcken und war zu niedrig, um in ihr aufrecht stehen zu können. Ein Bett, eine Feuerstelle, eine Bank, mehr hatte nicht Platz. Auf einem Bord standen einige Vorräte, ein kleiner Spiegel und ein silbernes Kruzifix, zu dem er griff, als ich ihm eine Zigarette anbot.

»Christus sagt, Rauchen und Trinken ist nicht gut für mich. Aber meine Chicas«, er stellt das Kreuz zurück und fischt zwei Taschenbildchen mit nackten Mädchen aus einem Becher, »die verbietet er mir nicht.«

Der Maté-Kürbis macht die Runde, Manuel erzählt Geschichten von den Pumas, wie er im Morgengrauen lauere, wenn er ein totes Schaf gefunden habe und wisse, dass sie zurückkommen werden. Er zeigt den Revolver, mit dem er schon acht erschossen habe, die Narben von zwei seiner sechs Hunde, von Kämpfen mit den Pumas.

Er erzählt, wie er einmal vom Pferd gestürzt sei, sich schwer verletzt habe, worauf die Hunde seine Wunden gereinigt hätten und einer von ihnen ins Tal gelaufen sei, um Hilfe zu holen.

»Ich bleibe hier, bis ich nicht mehr auf ein Pferd steigen kann«, sagt er. »Und dann sterbe ich sowieso.« Er hat durchaus einen Sinn für Dramatik. Und er ist erst 26.

Als wir uns verabschieden, meint er, als wäre es die selbstverständlichste Sache der Welt: »Wenn ihr wieder einmal in der Gegend seid, schaut doch vorbei.«

Von dem Sumpf, der uns noch erwartet, erwähnt er nichts.

Zweieinhalb Tage, nachdem wir Los Antiguos verlassen haben, stehen wir endlich vor dem Einhorn. Es dürfte ein verunglückter Stier sein.

Der Begleiter sagt: »Und wo ist der Altar?«

# ARGENTINIEN – CHILE

## Gute Zeiten, schlechte Zeiten

»Kühler« ist leicht: »Radiador«.

Aber wie erklärt man jemandem auf Spanisch, dass man ziemlich gerne einen »Achsschenkel« hätte? Genau. Man zerrt ihn, Nichtverstehen der Proteste vortäuschend, zu jenem auf die Straße und unters Auto.

»Brazo suspension lateral«, sagte der Ersatzteilhändler in Río Gallegos. »Haben wir.«

Dafür hatten sie keinen Radiador.

Es ist nicht lange her, da sagte der Begleiter, er genieße es sehr, in Patagonien Auto zu fahren. Man könne dabei »seinen eigenen Film laufen lassen«.

Ich weiß nicht, was er gesehen hat.

Was er nicht gesehen hat, weiß ich, seit ich mit dem Kopf eine Windschutzscheibe zerstört habe. Was ich aber nicht weiter erwähnen will, der Begleiter ist geprüft genug.

Fünf Tage, nachdem er die Zahl der patagonischen Mietwagen reduziert hatte, löste sich in Ushuaia auf Feuerland sein Pass in Rauch auf. Bargeldreserven, Flugticket und Führerschein auch (Verlust des Letzteren dient dem Gemeinwohl). Er flog entnervt nach Buenos Aires zurück (mein Patagonien-Buch auch – Auflösung aus der letzten Folge) und dürfte in der Zwischenzeit schon wieder in Wien sein. Ich hatte ein bisschen länger mit ihm gerechnet.

Ushuaia ist übrigens die südlichste Stadt der Welt. An Ushusaia weiter bemerkenswert: Es ist die südlichste Stadt der Welt.

Die Busfahrt von Ushuaia nach Punta Arenas in Chile dauerte 16 Stunden. Es regnete. Im Wasser der Magellanstraße schwammen lange Algenfäden, die sich zu symmetrischen Mustern zusammenballten.

Putzschlieren, dachte ich und lehnte mich an einen überaus dreckigen Lastwagen, der sich auch auf der Fähre befand, wie Putzschlieren auf grünen Badezimmerkacheln.

Ich stellte mir sämtliche deutsche Werbe-Hausfrauen der Fernsehgeschichte vor, wie sie angewidert auf die Magellanstraße starrten.

Dann fragte ich mich, welche Folter für Menschen angebracht ist, die einem das Wort »Putzschlieren« in den Sprachschatz implantieren, was Putzschlieren auf Spanisch heißen könnte und ob ich nicht eine der an Bord anwesenden Pensionistinnen unauffällig in die Putzschlieren stoßen sollte.

Es war kein guter Tag.

Auch in Punta Arenas regnete es den ganzen nächsten Tag hindurch, also fuhr ich weiter nach Puerto Natales, der anderen Stadt im Süden Chiles.

Puerto Natales liegt an der »Bucht der letzten Hoffnung«. Für Selbstmitleidige – und ich kenne einen – praktisch ein Muss.

Die anderen kommen eher wegen des nahen Nationalparks »Torres del Paine«, einem Mini-Alaska mit besonders schönen Bergen, vielen Gletschern und Seen.

Die freundliche Lego-Stadt, mit roten, grünen und blauen Holzhäusern und lang gedienten Fischkuttern im Hafen ist gut gefüllt mit Rucksack-Reisenden. In der »Casa Cecilia«, einer Pension mit Familienanschluss (Schweiz/Chile) und Schwarzbrot zum Frühstück, bekomme ich gerade noch ein Bett. In einem Dreibettzimmer mit Chantal, einer schnarchenden Texanerin, und einer Japanerin, die ich erst von der Lauterkeit meiner Absichten überzeugen muss, ehe sie mich ins Zimmer lässt.

In der zweiten Nacht übernimmt Andrea, eine sehr brav wirkende Schweizer Sekretärin, das japanische Bett. Sie atmet im Schlaf für kurze Zeit sehr schwer und ruft dann laut: »Si!« Wieder eine Nacht später wird Chantal von Helen aus London abgelöst, deren Wecker um halb sechs Uhr früh *Old McDonald had a farm* spielt.

Ein paar Tage wandern und campen im »Torres del Paine« sollen zum Schönsten gehören, was Chile zu bieten hat. Ich schließe mich einer englisch-deutsch-amerikanischen Gruppe an, wir wollen am nächsten Tag los.

Als ich die Ausrüstung meiner Bergkameraden sehe, keimen erste

Zweifel auf. Mit so viel Daune, Fleece und Goretex könnte man ganze Viertel von Irkutsk durch den Winter bringen.

Außerdem erzählt Chantal, nachdem ich mich um den Stil ihrer Postkarten verdient gemacht habe (Oh, you are a writer? Is it O.K. to write »alpine glow«, even though we are not in the alps?), dass sie ein Fluss im Park gezwungen habe, ihre Jeans auszuziehen.

Chantal kommt, wie erwähnt, aus Texas. Dort zieht man nicht so leichtherzig seine Hose aus. Der Fluss muss tief gewesen sein.

Den ganzen Tag über wanken erschöpfte Gestalten bei der Tür herein, die von Sturm, Regen und Schnee sprechen. Und als am Abend David aus Jerusalem mit einem unangenehm verformten Arm und völlig nassem Gepäck eintrifft – ein Fluss hat ihn mitgerissen –, buche ich eine Tagestour. Mit dem Bus. Für eine Reinhold-Messner-Kopie habe ich eindeutig noch zu viele Zehen.

Es ist ein kleiner Bus, wir sind nur fünf, darunter zwei Amerikanerinnen, Mutter und Tochter.

Man soll ja Klischees nicht nähren, aber manche Menschen bemühen sich doch sehr, ihnen gerecht zu werden.

In den ersten beiden Stunden Fahrt kommen wir nicht so recht weiter, weil Tochter, angefeuert von Mutter, jedes Guanaco, das unseren Weg kreuzt, mit Kamera und Keksen verfolgt. Guanacos sind wilde Verwandte des Lamas und für jeden, der länger als einen Tag in der Nähe der Anden ist, so besonders wie der Feldhase bei uns.

Guanacos mögen interessanterweise keine Kekse, auch das haben sie mit dem Feldhasen gemein. Tochter kommt nicht einmal auf Spuckdistanz, was ich persönlich ein bisschen schade finde.

Die Füchse, die sich am Eingang zum Park herumtreiben, hingegen lieben Kekse. So sehr, dass sie den Bus entern, um sich aus der Tasche der Tochter selbst zu bedienen, ein Akt, der die Tonlage des amerikanischen Kreischens von Entzücken zu Entsetzen kippen lässt. Mutter greift tapfer ein, wird gebissen. Der Busfahrer und ich lachen ungehörig laut.

Ein Nationalparkwächter kommt zu Hilfe, kickt den Fuchs ungerührt weg und sagt: »Immer dasselbe mit dir.«

Das Wetter war übrigens saumäßig. Aber das, das war ein guter Tag.

# ❁ BOLIVIEN

## Die Sechs im Jeep

An meinem ersten Tag in Bolivien galt es, den israelischen Unabhängigkeitstag zu feiern.

Die untergehende Sonne gab der ohnehin roten Laguna Colorada und den in ihr stelzenden Flamingos den letzten Postkartenanstrich. Ein Quechua-Mädchen heizte unsere Hütte mit Stücken von Yaretal, einem harten Moos, das sie mit einer Flüssigkeit beträufelte.

»Ist das Benzin?«, fragte ich.

»Nein, dafür kannst du doch kein Benzin nehmen. Diesel.«

Natürlich.

Sie hieß Lydia und war sieben.

Marcella, unsere bolivianische Köchin, die den ganzen Tag mit Rudolfo, ihrem Mann und Fahrer des Jeeps, der uns transportierte, kein Wort gewechselt, sondern ihm immer nur stumm zu essen oder zu trinken gegeben hatte, sobald er sie schroff aufs Knie schlug, Marcella also reichte Lamaschnitzel natur an kaltem Reis, was sicher weniger Arbeit war, als das arme Tier zu begraben.

Selbstverständlich hatten aber meine jüdischen Mitreisenden Moran, Yael (beide weiblich), Adi, Eyal und Tomer alle Zutaten für Pita, israelisches Fladenbrot, das sie über dem glühenden Moos buken, in ihren Rucksäcken. Ebenso für Trina, eine israelische Sauce, in die man das Brot taucht, deren Zubereitung sich aber etwas zog, weil jeder ein anderes richtiges Rezept kannte.

Der Rotwein kam zwar aus Chile, wurde aber dazu verwendet, auf den 48. Geburtstag Israels anzustoßen. Ich trank wenig, denn ich hatte Kopfweh und bekam keine Luft. Ein leichter Fall von Soroche, der Höhenkrankheit. Die Laguna Colorada liegt auf 4300 Meter. Ich komme aus dem Marchfeld.

Als ich in Chile den ersten Israeli traf (ich war in der Zwischenzeit auch in Santiago; mehr habe ich dazu nicht zu sagen), hielt ich ihn noch für einen Exoten unter den Reisenden. Mittlerweile weiß ich, dass alle anderen die Exoten sind, so deutlich ist die zahlenmäßige Überlegenheit der Israelis.

Nach dem Militär (drei Jahre für Männer, eines für Frauen) reisen so gut wie alle für längere Zeit. Sie sind dabei nicht nur am umfassendsten ausgerüstet, sondern auch am besten informiert. Wo auch immer sie hinwollen, es waren garantiert schon Landsleute dort. Über Informationszentralen in Israel, aber auch in vielen südamerikanischen Städten wird an möglichst lückenloser Überraschungsvermeidung gearbeitet.

Kein Wunder, dass der Mossad der vermutlich beste Geheimdienst der Welt ist. Alles Agenten.

Die erste der wirklich spektakulären Schönheiten, nachdem wir am Morgen des Unabhängigkeitstages San Pedro in der chilenischen Atacama-Wüste verlassen hatten, um die menschenleere und straßenlose Südwestecke des bolivianischen Hochlands zu erklettern, war die Laguna Verde.

Ein stechend grüner See, hinter dem die 6000 Meter des Vulkans Licancabur in stoischer Eleganz lehnten, der Sturm riss große Brocken aus den salzigen Schaumkronen der Wellen, sie flogen durch die Luft wie weiße Kanonenkugeln und vereinten sich schließlich zu einem breiten, zitternden Teppich rund um das Ufer.

Nur Tomer blieb unbeeindruckt. Er wusste was. Er wusste immer was.

»Zu spät«, sagte er, seine Stimme knarrte, »wir sind zu spät dran. Der See hat schon seine Farbe gewechselt.«

Vermutlich von Algentiefgrün zu Smaragdfunkelgrün. Und das habe ich versäumt.

Wir passierten Thermalquellen, die rostrote Pfade in die graue Wüste des Altiplano schnitten. Geysire auf 4900 Meter Höhe, manche fauchende Dampfsäulen, andere schmatzende, stinkende Schlammlöcher, die nach einem spucken und schon den einen oder anderen Touristen gegart haben sollen.

»Passt auf, der Boden kann einbrechen, das ist sehr gefährlich«, sagte Rudolfo pflichtbewusst – mit uns sprach er manchmal – und blieb im Auto sitzen.

Als wir später am Vulkan Ollague vorbeifuhren, aus dessen Schulter eine beunruhigend große Rauchwolke drängte, sagte Rudolfo nur: »Der ist aktiv.«

Am zweiten Abend schlenderten wir durch San Juan, das erste wirkliche Dorf nach hunderten Kilometern. Die fünf erörterten die Modalitäten meiner baldigen Beschneidung und wir stießen auf das Basketballfeld der Schule. Einige Männer spielten und ich regte ein Interkontinentalmatch an.

Eine meiner besseren Ideen.

Wir führten rasch 14:0 – die Quechua, Nachfahren der Inkas, sind ein eher kleinwüchsiges Volk. Dann begannen die Lungen zu brennen, an Laufen war kaum mehr zu denken. Sogar Brasilien hat in der Qualifikation zur letzten Fußball-WM gegen den Zwerg Bolivien verloren – in La Paz, auf 3800 Meter. Mittlerweile weigern sich die anderen Südamerikaner, in La Paz zu spielen. Ich verstehe das.

Wir führten noch knapp, als wir nach 20 Minuten völlig erledigt abbrechen mussten. Dies sehr zur Enttäuschung der zahlreichen Dorfbewohner, die herbeigeeilt waren, um die Gringos verlieren zu sehen.

Adi klappte überhaupt zusammen, wir mussten ihn tragen. Er kotzte und hustete die ganze Nacht.

Am letzten Tag erreichten wir den Salar de Uyuni, eine Salzwüste, 10 000 Quadratkilometer makelloses Weiß, felsige Inseln darin, die zu schwimmen scheinen, wenn die Sonne glüht, und das tut sie fast immer über dem Altiplano. Die Salzkruste ist bis zu 6 Meter dick und mit einem Spinnennetz aus Linien überzogen, die durch Ausgasungen entstehen und ein Sechseck neben dem anderen formen. Perfekt.

Im Büro der Agentur in Uyuni, bei der wir den Trip gebucht hatten, hing ein Zettel des israelischen Informationsdienstes an der Wand, auf Hebräisch geschrieben. Der Besitzer hielt ihn für eine Empfehlung.

»Bucht nicht bei denen, die sind zu teuer«, las Moran.

Warum das meine Freunde nicht schon vorher gewusst hatten, ist mir immer noch ein Rätsel.

## Ich habe gekaut

Wie viele Drogenkonsumenten wurde auch ich ein Opfer der Umstände.

Andere geraten in jungen Jahren in Gesellschaft von Bier missbrauchenden Süchtigen und tragen dann ihr Leben lang seltsame Kappen, eine harte Leber und im Gesicht eine Narbe, die man ihnen im Rausch mit einem Säbel zugefügt hat. Wieder andere werden im Burgenland geboren und zu Weinbauern.

Das Leben spielt mit uns DKT und hat immer von Anfang an die Kärntner Straße, ist es nicht so?

Ich kam nach Potosí in Bolivien. Und dort habe ich gekaut.

Vor fast 400 Jahren war Potosí die größte und reichste Stadt Südamerikas. Natürlich waren nur die spanischen Kolonial-Herrenmenschen reich. Die Indígenas (Ureinwohner) weniger, die wurden in den Silberminen am Cerro Rico (»Schöner Berg«) zu Tode geschunden. Sie schinden sich immer noch, 5000 Männer, zwölf oder mehr Stunden pro Tag, unter schlimmen Bedingungen. Wer nichts findet, verdient auch nichts. Und viel gibt es heute nicht mehr zu finden, es reicht gerade für drei bis fünf Dollar pro Mann und Tag.

Was davon zu halten ist, dass die Minen zur größten Touristenattraktion Potosís geworden sind, weiß ich jetzt auch nicht. Ehemalige Bergleute führen Touristen zu ihren leidenden Ex-Kollegen und verdienen mit einem Kunden so viel wie die Anschauungsobjekte an einem ganzen guten Tag. Unmoralisch. Elendstourismus. Zeigte aber »Spiegel-TV« eine Reportage über die Minen, wäre es engagierter Journalismus.

Wenigstens zahlen die Führer einen kleinen Teil ihres Verdienstes an die Bergleute. Und der Tourist darf nicht mit leeren Händen kommen. Julio César Morales, Führer, setzt für unsere Vierergruppe folgende Einkaufsliste fest, bevor wir zum Markt der Mineiros hochsteigen: vier Liter Fanta; ein Liter 96-prozentigen Alkohols, der nicht zum Einreiben verwendet wird; 50 Zigaretten aus tiefschwarzem Tabak, namen- und filterlos; drei Stangen Dynamit; ein halbes Kilo Coca-Blätter.

Da haben wir den Feind. Die Andenbewohner kauen die Blätter des Coca-Strauches. Sie machen auch Tee daraus (gibt es sogar als »Winston«-Teebeutel). Coca hilft, körperliche Anstrengungen in der extremen Höhe leichter zu verkraften, und es unterdrückt Hungergefühl.

Seit nun die Amerikaner alle Mittel einsetzen – und sie haben ein paar –, den Andenstaaten klarzumachen, dass so was bei ihnen nicht wachsen darf, auch wenn es da schon immer wuchs, sind die Gringos hier noch ein bisschen beliebter geworden. 70 Prozent aller Bolivianer leben unter der Armutsgrenze. Dagegen müssen wir nichts tun, das ist ihr Problem. Viele Menschen in der reichen Ersten Welt nehmen Kokain. Dagegen müssen die Bolivianer was tun, denn das ist unser Problem.

Coca gegen Cola. Ein Kulturkampf. Cola ist ja noch mit jeder Kultur fertig geworden.

Die Blätter schmecken bitter. Man kaut sie mit einem kleinen Stück einer harten grauen Masse, die hauptsächlich aus Erdäpfeln bestehen soll und die Wirkung verstärkt. Nachdem man eine Weile gekaut hat, schiebt man den Brei in eine Wange, dort bleibt er oft stundenlang. Der Mund wird taub, sonst spürt man vorerst keine Wirkung – außer, man war vorher hungrig.

Als wir zu unserer Mine kommen, ist gerade Frühstückspause, 50 Männer, jeder ein Sackerl mit Coca auf den Knien, kauend.

Einer macht Witze über meine langen Haare, ich müsse wohl eine Frau sein. Ich setze mich zu ihm, gebe ihm Zigaretten, wir kauen eine Weile schweigend nebeneinander her.

Dann fragt er, woher ich denn käme. Ich erkläre es ihm und er sagt: »So weit. Und du reist allein?«

»Ja.«

Er schüttelt bedauernd den Kopf. »Was für ein trauriges Leben.«

In der Mine ist es viel wärmer als draußen und stickig-feucht. Eine halbe Stunde kann man nur in der Hocke gehen, dann kommen wir in einen Stollen, in dem am Morgen gesprengt worden ist. Dynamit ist das einzige technische Hilfsmittel, das die Mineiros haben. Eine

Kolonne von keuchenden, dampfenden, im Halbdunkel gesichtslosen Trägern stampft vorbei.

»Das machen die Jungen«, sagt Julio und reicht manchen der Gestalten eine Fanta-Flasche. »Die 14-Jährigen. So fängt hier jeder an.«

30 Mal müssen sie den 25, 30 Kilo schweren Sack mit Gestein nach draußen schleppen. Draußen ist weit.

In völlig von Staub vernebelten Gruben dreschen andere Männer mit Spitzhacken auf die Felsen ein, und in einem ganz niedrigen Gang verschwindet Julio in einem vertikal nach oben führenden Schacht. Nach einigen Minuten ruft er nach mir; hier oben sei eine schöne Silberader. Die anderen sollen unten bleiben.

Ich weiß wirklich nicht, warum er es gerade mir zutraute; ich kletterte hoch, 10 Meter, in einem engen Rauchfang aus glattem Fels, tief in einer Mine auf 4300 Meter Seehöhe, ohne Hilfsmittel.

Außer Coca, und ohne hätte ich das sicher nicht gekonnt.

Der Rückweg sei leichter, sagt Julio und hetzt mich durch lehmige Schläuche, durch die ich gerade noch durchpasse.

Eine Silberader sieht übrigens weit weniger spektakulär aus, als man denkt.

Am Nachmittag gibt es einen großen Aufmarsch in der Stadt, es ist der 1. Mai. Der Zug der Arbeiter scheint endlos. Sie tragen üppig verzierte Fahnen, wie Kriegsbanner, Einpeitscher geben Sprechchöre vor.

Eine alte Quechua-Frau aus dem Zug, mit dem typischen runden Hut, der immer ein bisschen zu klein scheint, und den langen Zöpfen mit den eingeflochtenen Kordeln, kommt auf mich zu, sieht mir fest in die Augen und ruft: »Nieder mit den Gringos!« Dann wirft sie mit einem Zuckerlpapier nach mir.

»Ich bin kein Amerikaner«, sage ich viel zu leise. Und sie ist ohnehin schon weitergegangen.

## Mit Ortrun beim Tinku

Das Tinku von Macha steht nicht im South-American-Handbook. Das ist ein mittlerer Skandal. Aber nicht mehr lange, denn die Welt hat Ortrun. Ortrun wird denen schreiben.

Das Handbook ist der beste Reiseführer, den es für Südamerika gibt. Es stehen viele nützliche Dinge drin. Hat aber jemandem in einer bestimmten Pizzeria die »Mozzarella-Champignon« und die Aussicht vom Ecktisch links vorne so zugesagt, dass er dies den Herausgebern des Handbooks mitteilte, steht auch das drin. Hinter dem wichtigsten aller Kürzel: »rec.« – für »recommended«, empfohlen.

Und schon ballen sich ganz viele Individualisten um Ecktisch und Champignons, nehmen sich vor, ans Handbook zu schreiben, weil die hier nicht genug Mozzarella für alle haben, und erzählen einander, wo es auf ihrer bisherigen Reise besonders toll, weil echt total billig, war.

Somit hätten wir jetzt auch gleich den Unterschied zwischen Pauschal- und Individualtouristen klar herausgearbeitet. Das war mir schon lange ein Anliegen.

Ortrun fand mich egoistisch, weil ich fand, es sei ganz gut, dass über das Tinku nichts im Handbook stehe. »Du bist ja jetzt hier, nä«, sagte sie streng (sie war Deutsche).

Sie war hier, weil sie es von mir erfahren hatte. Da kannten wir einander noch nicht so gut.

Ich wiederum hatte von zwei Israelis von diesem mysteriösen Fest gehört. Die Männer kämpften dort. Und manchmal schlügen sie einander tot. Zuerst hielt ich das für Legende, aber als ich mich durch Potosí fragte, schwankten die Angaben über die Zahl der Toten des letzten Jahres zwischen fünf und elf. Die Bewohner aller Dörfer im Umkreis träfen sich in Macha, um die Fiesta de la Santa Cruz zu feiern. Zuerst tanzten sie nur, aber später werde gekämpft. Pachamama (»Mutter Erde«) verlange Blut, damit die Ernte gut werde.

Manche sagten, zufällig anwesendes Gringo-Blut werde nicht geopfert. Andere raunten: »Sehr gefährlich! Pass bloß auf!«

Am Tag vor dem Tinku wirkte Macha alles andere als gefährlich. Rote Lehmhäuser dörrten in der Sonne, schlanke Schweine trotteten durch die Gassen. Die Menschen waren leise und scheu, wie überall im Hochland.

Am Abend, nach dem heftigsten Regen, den ich jemals irgendwo in der Trockenzeit erlebt habe und der die Straßen in rote Flüsse verwandelte, lernte ich drei Musiker aus La Paz kennen, die auch gekommen waren, um das Tinku zu sehen. Sie hatten schon in Wien gespielt, darauf tranken wir eine Mischung aus 96-Prozentigem und einer picksüßen orangefarbenen Flüssigkeit. Man bestellte einfach »Alcohol« und bekam das.

Bald beschlossen wir, »Brüder vom Karlsplatz« zu sein und uns nächstes Jahr im »Andino« in der Münzwardeingasse zu treffen. Um halb zehn, glaube ich.

Am nächsten Morgen war Macha ein anderer Ort. Hunderte Menschen liefen in verschieden großen Gruppen durch das Dorf. Vor allem die Männer waren festlich herausgeputzt. Bis zum Knie reichende Gamaschen mit grellbuntem Zickzackmuster, jedes Dorf ein anderes, eine kleine Schürze, die von einem breiten Stoffgürtel gehalten wurde, und über der Brust gekreuzte Schärpen. Die meisten trugen außerdem einen Helm, dem der spanischen Conquistadores nachempfunden, nur mit geschecktem Fell bezogen und mit einer langen bunten Feder an der Spitze.

Den Rhythmus des Trabes gab für jede Gruppe ein Charango(ein kleines Saiteninstrument, ähnlich einer Mandoline)-Spieler mit einer simplen Melodie vor, zu der die Frauen sehr hoch und klagend-monoton sangen. In unregelmäßigen Abständen wurden die Läufer von einer Frau mit einem Strick in einen Kreis gepeitscht und vollführten einen stampfenden Tanz. Nur einige hatten statt eines Charango-Spielers mehrere Zampoña-Bläser (große Panflöten), die auch eine immer wiederkehrende Melodie spielten, zu der sie sich wie menschliche Pendel ausladend im Takt wiegten.

Eine Massentrance. Mit viel Coca und Alkohol. Alle waren den ganzen Tag in Bewegung, auch die folgende Nacht, und sie schienen nicht im Geringsten müde zu werden.

Gegen Mittag begannen die Kämpfe. Man konnte nie abschätzen, wo sie losbrechen würden. Die Männer waren sturzbetrunken und gingen ohne ersichtliche Vorwarnung mit bloßen Fäusten aufeinander los. Pachamama konnte bald sehr zufrieden sein, Lippen und Augenbrauen platzten, Augen schwollen zu, Nasen brachen. Manche

Männer lagen besinnungs- und bewegungslos im Dreck, mit völlig zerschlagenen Gesichtern. Ihre Frauen hockten weinend und schreiend daneben, zerrten an den schlaffen Körpern.

Aber soweit ich es in dem wüsten Chaos überblicken konnte, starb an diesem Tag niemand. Polizei und Guardia Civil peitschten und prügelten die Männer brutal auseinander, sobald die Gefahr einer Massenkeilerei bestand. Knapp vor der Dämmerung warfen sie sogar eine Tränengasgranate. Bis ich begriffen hatte, was da passierte, stand ich mitten in der Wolke. Eine neue Erfahrung, ausgerechnet in Macha. (Schlimm übrigens.)

Zum ersten Mal auf dieser Reise fühlte ich mich fehl am Platz. Hier hatten Gringos nichts verloren. Außer mir waren noch 10, 15 andere da, die nicht hierher gehörten. Die meisten waren Profi-Fotografen, einer aus Belgien, zwei Amerikaner, einige aus La Paz, alle mit riesigen Teleobjektiven bewaffnet – und Ortrun, immer mitten im Geschehen, Menschen ihre Kamera in die Nasenlöcher steckend.

»Ortrun«, sagte ich gütig, als sie einmal fiebrig fotografierend neben mir auftauchte, »du könntest wenigstens vorher um Erlaubnis fragen.«

Sie schüttelte den Kopf. »Das habe ich versucht, das klappt nicht. Die sagen immer nein.«

Es entstand eine kleine Pause, weil mir darauf nicht gleich eine passende Antwort einfiel. Dann sagte Ortrun: »Ich weiß auch nicht, wieso. Vielleicht denken sie, dass dann irgendwas mit ihrer Seele passiert.«

Ich merkte, da konnte ich rein fachlich nicht mithalten. Ortrun war praktisch eine halbe Ethnologin, weil schon viel länger in Südamerika als ich. Und sie besaß eindeutig Vorbildung aus Tarzan-Filmen. Die spielen zwar in Afrika, aber das ist nicht so wichtig. Wilde sind Wilde.

## Ein Lama für Mama

In der heutigen Geschichte passiert nicht viel. Ich fahre nach La Paz, suche ein Hotel und kaufe dann ein. Das ist alles. Wenn Sie also doch lieber fernsehen wollen?

Ich verließ Macha an einem frühen Sonntagmorgen. Auf der Ladefläche eines Lastwagens. Das ist eine sehr gebräuchliche, wenn auch nicht sehr bequeme Art der Fortbewegung in Bolivien. Manchmal kann man sitzen.

Gleich zu Beginn der Fahrt übergab sich ein vom Fest in Macha Gezeichneter auf sein Charango. Dann überlegte er lange und betroffen, was jetzt zu tun sei. Schließlich entschied er sich für trocknen lassen.

Drei Quechua-Mütter stillten synchron ihre Kinder und ließen mich dabei nicht aus den Augen. Ich lächelte völkerverbindend unter meinem Erdäpfelsack hervor (Erdäpfelsäcke sind gegen Sonne wie Regen unschlagbar), aber sie verzogen keine Miene.

Später hörte ich, wie ein Mann einem kleinen Buben etwas erklärte, er sprach eindeutig über mich und nannte mich »Tommy«. Ich sah ihn fragend an, und er sagte: »Meinem Sohn gefallen die Power-Rangers so gut. Und sie sehen aus wie Tommy.« Soviel ich weiß, sind die Power-Rangers eine dieser brutalen Zeichentrick-Serien, die auf RTL laufen oder jetzt vielleicht auch im morgendlichen ORF-Vorschulfernsehen. Und in Bolivien. Und da behaupte ich immer, die Erste Welt tue nichts für die Dritte.

Den Rest der Fahrt – die sechs statt der angekündigten drei Stunden dauerte – strahlte mich der Kleine erwartungsvoll an. Ich fühlte durchaus Druck, meinen Erdäpfelsack abzuwerfen und irgendein martialisches Kunststück zu vollbringen.

In Llallagua nahm ich den Nachtbus nach La Paz. Er hatte einen Reifenplatzer. Meine diesbezügliche Quote in Bolivien liegt bei 50 Prozent. Reifen werden hier nicht aufs Altenteil geschickt. Sie dürfen einen würdigen Tod auf der Straße sterben.

La Paz, drei Uhr nachts. Die Augen des Taxifahrers flackerten, er schob in schneller Folge Coca-Blätter in den Mund und ignorierte rote Ampeln. Bergauf fuhr er in weiten Schlangenlinien. Ein Kupplungsproblem, im mindesten Fall. Das Hotel, zu dem er mich schließlich doch noch brachte, lag nicht gerade im Cottage-Viertel und war voll. Obdachlose lagen in den Straßen oder wärmten sich an Feuern in Öltonnen. Magere Hunde zerfetzten Müllsäcke. Bei den nächsten beiden Hotels öffnete niemand, das vierte war auch voll.

Drei zerlumpte Gestalten wankten auf mich zu. Jetzt ist es so weit, dachte ich und memorierte, was im Überfallsfall zu tun sei: Mund halten, keine schnellen Bewegungen, alles hergeben.

Sie umringten mich. Einer sagte: »Vorne rechts und dann zwei Blöcke runter. Da ist noch ein Hotel.« Dort bekam ich endlich ein Zimmer.

Man schwärmt gemeinhin von der Skyline New Yorks, der Lage Rios, Hongkongs oder Kapstadts. Ganz Weitgereiste verweisen auf Vancouver. Dass nie jemand La Paz erwähnt, kann nur bedeuten, dass es kaum einer kennt. La Paz ist Dramatik. Eine Schüssel, deren Boden 3600 Meter über dem Meer liegt. Dort stehen die Hochhäuser des Geschäftsviertels. An den steilen, zerfurchten Wänden klettern die kleinen Häuser der Indígenas hoch, bis auf 4000 Meter. Über allem steht breitbeinig der Schneeklotz Illimani, 6500 Meter hoch.

In der Schüssel drängen sich zwei Millionen Menschen, und alle scheinen etwas zu verkaufen zu haben. Ganze Stadtviertel verschwinden täglich unter Orangen, Erdäpfeln, Coca-Blättern, Krawatten, Rasierklingen, Weckern (von denen immer mindestens einer gerade seine Pflicht tut), Socken, Windeln, Antennen, Zigaretten, Decken, Jacken, Hüten.

Die Plaza San Francisco ist der Ort für Spezial-Direktvermarktung. Am besten gefiel mir dort jener Mann, der seinen Vortrag auf der Anwesenheit einer Boa Constrictor aufbaute. Er beklagte die Lahmheit der Jugend und zeigte den Grund für jene in Spiritus eingelegt: Würmer, Parasiten! Das könnten Sie in Ihrem Darm haben, Señor. Aber dagegen hilft – Schlangenöl!

Am Stephansplatz wäre das nicht so leicht zu verkaufen, aber in La Paz genießen alternative Heilmethoden großes Vertrauen. Um die Calle Santa Cruz gibt es einen eigenen Markt für Kräutermedizin und weiße Magie in einem. Man könnte dort, hatte man mir erzählt, ein Opfersäckchen für Pachamama (Mutter Erde) zusammenstellen lassen und sich damit ein glückliches Jahr sichern. Ich ging also zu einer der weisen Frauen, die das konnten.

Vor mir war ein Paar, das von einer säuberlichen Einkaufsliste ablas. Die Weise hörte zu, schüttete dann grünes und oranges Pulver in ein Sackerl, fügte einige braune Kügelchen hinzu und rupfte Federn aus einem Vogelflügel.

Ich kam an die Reihe und sagte: »Ich brauche Glück. Viel Glück.«

Sie nickte und bot mir eine Collage aus Kinderspielzeug an, wie man es bei uns aus Kaugummiautomaten herausdreht. Das schien mir für Pachamama ungeeignet. Ich lehnte ab.

Als Nächstes griff sie zu einem kleinen Fläschchen, in dem viele verschiedenfarbige Dinge (Kräuter, sagte sie) und ein kleiner goldener Tennisschläger schwammen.

»Glück«, murmelte sie. »Viel Glück.«

»Gut. Nehme ich.«

»Aber am wichtigsten«, sagte sie und hob einen Zeigefinger, »ist das.« Sie zog ein verschrumpeltes Ding mit Haaren aus einem Sack.

»Auf den Tisch legen. Gute Geister.«

Ich stellte mir ein Candle-Light-Dinner im Beisein eines getrockneten Lama-Embryos vor.

Dann einen der Zollbeamten, die immer meinen Koffer sehen wollen, weil offenbar mein Foto im »Handbuch für den aufgeweckten Zöllner« ist, mit der Bildzeile: »Prototyp A. Schmuggelt Drogen, Kriegsgerät, Frauen.« Der Zöllner hielt also einen getrockneten Lama-Embryo in Händen und ich sagte wahrheitsgemäß: »Ach das! Das ist nur ein getrockneter Lama-Embryo, den schenke ich meiner Mama wegen der guten Geister, wissen Sie.«

Ich habe ihn schließlich nicht gekauft. Und es tut mir immer noch ein bisschen leid.

# PERU

## Eine Inselgeschichte

»Sie werden hier gut schlafen«, sagt Felix Cruz Yucra.

Ich schaue mich in meiner Hütte um. Sie ist ganz aus Lehm, dunkel und kühl, selbst der Tisch und das Bett sind aus Lehmziegeln gemauert. Auf dem Bett liegt eine Schilfmatte, an den Wänden hängen eine Kinderzeichnung des Wappens von Peru und vier Poster mit einem optimistisch nach oben blickenden, gekünstelt lächelnden Präsidenten Fujimori.

»Ja, sicher«, sage ich. Er meint das aber anders.

»Es gibt keine Hunde auf Taquile. Keinen Lärm. Hier leben lauter gute Leute, niemand stiehlt etwas. Also brauchen wir keine Hunde.«

Die Bootsfahrt von Puno nach Taquile, einer kleinen Insel im Titicacasee, dauert drei Stunden. Für das, was die meisten Menschen Fortschritt nennen, war das bisher zu weit. Kein Strom, keine Autos und – ganz wichtig – kein Hotel. Letzteres wäre ein gutes Geschäft, denn Touristen kommen genug. Mit mir saßen 15 andere im Boot, und auf dem steilen Pfad von der Anlegestelle zum einzigen Dorf begegneten mir sicher 20, die das Gefühl hatten, schon alles gesehen zu haben.

Oben, am Eingang zum Dorf, saßen zwei ernste Männer in dunkler Hose und dunklem Gilet, weißem, grob gewebtem Hemd, roter Bauchbinde und rot-weißer Pudelhaube, deren Quaste seitlich bis zur Schulter herabhing. Sie verlangten einen Sol (30 Cent) Eintritt. Ich trug mich ins Gästebuch ein und wurde gefragt, ob ich über Nacht bleiben wollte. Als ich bejahte, flüsterten die beiden eine Zeit lang und riefen dann Felix, der desinteressiert ein Stück abseits saß. Ich sollte mit ihm gehen. Auf dem Weg zu Felix' Haus begegnete uns eine Gruppe von Männern. Sie unterhielten sich flüsternd und strickten alle.

Als ich später dann allein durch das Dorf gehe, verfolgen mich immer wieder Kinder.

»Señor«, die flüstern auch, denke ich, gibt es hier ein Gesetz? »Äpfel? Bananen? Zuckerln?« Sie betteln nicht um Geld. Und sie versuchen, selbst geflochtene Armbänder zu verkaufen, aber nur so lange, bis ein Erwachsener vorbeikommt. Dann tun sie plötzlich so, als stünde der Fremde völlig zufällig und ungebeten neben ihnen.

Felix sitzt auf einer niedrigen Bank vor seinem Haus und strickt. Er ist eben heimgekommen. Die drei Frauen, die in unmöglichen Positionen am Boden kauern, über Webstühle gebeugt – es sind Felix' Frau, Schwester und Schwiegertochter –, haben bei Ankunft des Mannes sofort jegliches Gespräch mit mir eingestellt. Jesús, der zehnjährige Sohn, der mich gerade noch mit einem nackten Tennisball bombardiert hat, drückt sich jetzt verlegen grinsend in eine Ecke und versteckt den Ball hinter seinem Rücken.

Ich setze mich zu Felix und biete ihm eine Zigarette an. Er versucht, sie sehr würdevoll zu rauchen, aber es ist leicht zu erkennen, dass er eigentlich nicht raucht.

»Die Taquileños stricken und weben viel«, sage ich. Das sei Tradition, meint Felix. »Und jetzt verkaufen wir die Sachen auch an Touristen.« Ich habe das Geschäft gesehen, auf der Plaza. Eine Kooperative, es gehört dem ganzen Dorf. Das Restaurant ebenfalls.

Nach längerem Schweigen fragt Felix: »Sind Sie mit einem Flugzeug aus Europa gekommen?« Ich nicke. »Manchmal fliegt eines über die Insel«, sagt er, nimmt einen Stock und zeichnet ein Flugzeug in den Sand. »Wo sitzt der Lenker?«

»Ganz vorne«, antworte ich.

»Aaaaah. Und der Motor, wo ist der?«

Ich zeichne zwei Beulen auf die Flügel. »Und hinten ist manchmal auch einer.«

Dann will Señor Yucra wissen, wo die Leute sitzen und wie viele, Länge, Höhe, Flügelspannweite, Geschwindigkeit. Und auf jede meiner Antworten folgt ein lang gezogenes »Aaaaah«, ähnlich, wie es die Japaner machen, wenn sie sehr erstaunt sind. Schließlich kratzt er mit dem Stock über die Zeichnung und nimmt sein Strickzeug wieder zur Hand.

»No me gusta«, sagt er. Das gefällt mir nicht.

Es ist schon dunkel, als mir Jesús das Abendessen in meine Hütte bringt. Eine große Schüssel Suppe mit viel Reis, Mais und Erdäpfeln drin. Als ich aufgegessen habe, bringe ich die leere Schüssel zu der anderen Hütte, die neben dem eigentlichen Haus steht. Sie wird nur zum Essen und Kochen verwendet. Die ganze Großfamilie ist versammelt, zehn Personen. Die Frauen sitzen auf einer Seite, am Boden rund um das Feuer, in Töpfen rührend. Die Männer sind auf der anderen, auf einer Art Bett, und essen. Der Rauch zieht durch ein Loch im Spitzgiebel der Hütte nur langsam ab, der Raum ist vernebelt. Ich bleibe draußen, stelle meine Schüssel auf die Schwelle und lobe die Suppe. Die Frauen lachen, die Männer schweigen eisern.

»Na los«, denke ich, »jetzt bittet mich schon herein.« Ich kauere noch einige Zeit vor der Tür. Nichts. Ich gehe zurück.

Jesús bringt mir eine ungeheure Portion von Reis, Erdäpfeln und Spiegeleiern. Ob er wohl mit mir essen dürfe? Klar, sage ich. Wenigstens einer.

Nach dem Essen kommt er mit einem winzigen »Mensch-ärgere-dich-nicht«. Dann entdeckt er meinen Walkman. Wie sich herausstellt, gefallen ihm die »Manic Street Preachers« besonders gut. Er bietet seine Haube als Tauschobjekt. Selbst gestrickt, immerhin. Anschließend bringt er seine Schulhefte, singt mir Taquileño-Lieder vor, tanzt durch die Hütte, die Hände in die Hüften gestützt.

»Jesús«, sage ich schließlich, nach Stunden, »ich will jetzt schlafen. Sag mir noch, wo das Klo ist.«

Jesús zeigt auf eine Plastikschüssel unter der Bank und ein Handtuch an der Wand. Auf Spanisch heißt Bad und Klo dasselbe. Ich verzichte darauf, das Missverständnis aufzuklären. Ich werd's schon finden.

Ich finde es weder in dieser Nacht noch später. In drei Tagen ist es mir nicht gelungen, herauszufinden, wohin die Familie Cruz Yucra aufs Klo geht. Die Nacht ist neumonddunkel und meine Taschenlampe kaputt. Ich arbeite mich tastend zu einem kleinen Wäldchen vor und pinkle mir zielsicher auf den linken Schuh.

Auf dem Boot, das mich nach Puno zurückbringt, sind unter anderem zwei französische Paare.

»Gut, dass wir nicht über Nacht geblieben sind«, sagt einer der Männer, »zwei Stunden hier sind wirklich genug.«

Eine der Frauen meint: »Der Fisch im Restaurant war grauenhaft.«

## Willkommen in Cusco!

»Österreich«, sagte der Mann, »Mensch, kenn' ich doch alles.«

Er war Peruaner, um die 40, und er sprach Deutsch. Dem Akzent nach dürfte er alles in Deutschland noch besser kennen.

»Ich war 'ne Weile in Graz. Haben gutes ...«, er griff sich an die Nase und atmete tief ein, » ... dort, wenn du verstehst, was ich meine.«

In Graz. Allerhand.

Er war Keiler für ein Restaurant. Am Abend sind die Straßen von Cusco voll mit ihnen, ständig halten sie dir Zettel vors Gesicht. Freier Eintritt hier, trink drei Pisco Sour und zahl zwei dort, jetzt komm schon rein, das beste und billigste Touristenmenü der Stadt.

Es fing schon im Zug an. Sieben Stunden vor Cusco verteilte der erste Mensch Zettel, auf denen für eine Pension in Cusco geworben wurde. Viele Zettel später ergab ich mich erschöpft (zusammen mit einigen anderen Reisenden) zwei »Freien Agentinnen«, wie sie sich nannten. Sie versprachen billigen Transport vom Bahnhof ins Zentrum, und wir dürften uns so viele Pensionen ansehen, wie wir wollten, bevor wir uns entscheiden. Über den Bahnsteig führten sie uns wie Häftlinge, zusammen mit zwei Helfern, die dort gewartet hatten. Zwei gingen vorne, zwei sicherten hinten, gegen Ausbruchsversuche und Attacken anderer Freier Agenten.

Eigentlich war ich nur in dieses Restaurant gegangen, weil niemand keilte. Die Klette musste wohl gerade am Klo gewesen sein. Und jetzt war ich eh schon drin. Was wollte er noch?

»Den ersten Abend in Cusco?«

Ich rührte genervt in einer suppenähnlichen Flüssigkeit.

»Ja.«

»Mein Freund, du musst sehr aufpassen hier.« Oh, ein Wohltäter. »Im ›Kamikaze‹ – nur Huren und Zuhälter. Im ›Mama Africa‹ – Hippies und Dealer.« Das waren die zwei bekanntesten Bars unter den unzähligen Cuscos, so viel wusste ich schon. Zufällig kannte er da eine Bar, ganz neu, der heißeste Platz. Ein Zettel mehr.

»Und außerdem«, er rückte näher, ein feiner Sprühregen aus seinem Mund senkte sich auf meine Suppe, »überall verdeckte Polizisten. Sie bieten dir Drogen an, und wenn du ja sagst, musst du ihnen dein ganzes Geld geben, damit sie dich laufen lassen.«

Ein Kellner trug die Spezialität des Hauses in den anderen Raum des Lokals, in den ich nicht hineinsehen konnte. Cuy a la Milanesa. Back-Meerschweinchen. Die Beine waren nach oben gereckt. Ob das gut geht?, dachte ich. Ich entschied mich für nein.

»Du rauchst doch sicher Marihuana, oder?« Der Mann sprach mit einem Mal wieder viel lauter. »Mir brauchst du doch nichts vorzumachen. Ich habe nichts gegen Drogen.« Er zog einen Joint aus seiner Jacke und roch daran. »Ich hab noch mehr ...« Er zwinkerte.

Der Kellner kam zurück. Er trug das Meerschweinchen grinsend wieder in die Küche. Aus dem anderen Raum war aufgeregtes amerikanisches Englisch zu hören.

»Soll ich dir gleich mein ganzes Geld geben?«, sagte ich.

»Na hör' mal. Traust du mir etwa nicht?«

Durch ausgesprochen hastiges Essen entkam ich bald darauf. Ich ging in Richtung einer neuen Bar, die mir jemand empfohlen hatte. Fast an jeder Ecke stand ein Polizist. Cusco hat den bestechend schlechten Ruf, eine der gefährlichsten Städte Südamerikas zu sein. Es war die Hauptstadt des Inka-Reiches, die bedeutendsten Inka-Ruinen – unter anderem Machu Picchu – ballen sich um Cusco, und nachdem die Spanier die Stadt zerstört hatten, bauten sie sie in prächtiger Kolonialarchitektur wieder auf. Cusco ist also für den Reisenden praktisch unverzichtbar. Es hat viele Touristen – und viel Kokain, viele Diebe, viele Überfälle. In Cusco steckte ich mir das erste Mal in meinem Leben Geld in den linken und Kreditkarten in den rechten Socken.

Es hatte sich noch nicht so herumgesprochen, dass die Bar, in der ich saß, der heißeste Platz war. Man spielte dort die größten Hits der Achtziger für vier Gäste. Also ging ich ins »Mama Africa«. Auf dem Weg kam ich an vielen anderen Bars und Diskotheken vorbei. Man spielte in allen die größten Hits der Achtziger. Im »Mama Africa« wenigstens für viele. Es war brechend voll. Ich sah keinen Hippie.

Kaum war ich drin, lief ich Robert in die Hände, einem Schwaben, den ich aus Chile kannte. Er hatte sich dort als Meister im Schnellverwüsten von Zimmern gezeigt, aß Brot mit Hefe statt Butter, weil das gesund sei, und trank Wodka mit Tollkirschensaft. War sicher auch gesund. Und er wusch seine langen Haare mit Olivenöl – das ist jetzt nur eine Vermutung.

Robert hatte eine unangebracht hübsche Peruanerin mit glasigem Blick im Arm und wurde überdies von jemandem begleitet, den er mir so vorstellte: »Des isch der Pedro. An den kannscht dich halten, der hat ein echt gutes Zeugsch, ehrlich he.«

Pedro wirkte auch irgendwie beeinträchtigt und erzählte mir sofort, dass er letzte Nacht zwei Räuber, die ihn mit einem Messer bedroht hätten, entwaffnet und in die Flucht geschlagen hätte. »Mich wollten die überfallen! Dabei bin ich doch Peruaner!«

Genau. Sollen gefälligst Gringos abstechen.

Plötzlich hörte die Musik auf. Zehn Polizisten standen auf der Tanzfläche, teils in Uniform, teils in Zivil. Pedro war mit einem Mal weg. Roberts Freundin flüsterte: »Drogenrazzia!« Es wurde nur eine simple, aber ausgedehnte Ausweiskontrolle. Ein Schreckschuss. Ich hatte meinen Pass mit, das ersparte mir einige Stunden auf der Polizeistation. Obwohl das sicher auch ganz interessant gewesen wäre.

Als ich sehr spät in meine Pension kam, rief jemand durch das Dunkel des Innenhofes: »Österreich!« Auf Deutsch. Es war der Mann aus dem Restaurant.

Ein verbeulter Joint hing aus seinem Mundwinkel. »Haschu Feuer?«, lallte er. Ich gab ihm welches und fragte: »Alles in Ordnung mit dir?« Er drehte sich um und sagte im Gehen: »Ach leck misch dosch am Arsch.«

Willkommen in Cusco.

## Die Kinder der Inkas

Die beiden Unternehmer waren im gleichen Alter. Ungefähr zehn.

Der eine verdiente unmoralisch gut. Seine Dienstleistung bestand im Wesentlichen darin, schnell zu rennen, an sieben oder acht strategischen Punkten »Gooood byyye« zu brüllen und eigenartig ungelenk zu winken.

Außer mir saßen zwei Japaner und eine Gruppe von 40 Franzosen in dem Bus, der sich die engen Serpentinen von Machu Picchu zur Bahnstation im Tal hinunterplagte. Es war nicht sehr weit, aber die Straße schlecht, also dauerte die Fahrt eine halbe Stunde.

Nach der Hälfte des Weges tauchte der Bub das erste Mal auf. Von dort gab es einen Abschneider, auf dem er zu Fuß genauso schnell war wie der Bus. Die Franzosen waren *»très enchantés«*. Sie dachten zwar, der Kleine riefe »Cuuuusco«, fragten sich aber nicht, warum er das tun sollte – und dazu winkte. Es könnte mit der Einstellung der Franzosen zu jeder Sprache, die außerhalb der größten aller Nationen gesprochen wird, zu tun gehabt haben.

Das Missverständnis hielt sie jedenfalls nicht davon ab, begeistert zu johlen und zurückzuwinken, wenn der Läufer wieder einmal am Straßenrand auftauchte. Nur der Witzbold der Gruppe, der nicht auf seinem Sitz, sondern auf der Armlehne saß, damit die anderen seine launigen Bemerkungen über die Verkehrstauglichkeit des Busses besser hören konnten, war wenig angetan von der Konkurrenz.

Im Tal stieg der Kleine ein, schrie und winkte noch einmal jeden einzeln an und kassierte an die 30 Dollar. Und er laufe die Strecke zweimal am Tag, erzählte er mir später. Selbst abzüglich der Prozente, die der Busfahrer mit Sicherheit kriegt, schlägt er damit seinen Vater um Längen (der ist möglicherweise Busfahrer).

Fürs Leben lernt der Junge, dass Touristen ein bisschen blöd sind und zu viel Geld haben. Man muss nur Wege finden, an jenes ranzukommen.

Der andere Unternehmer verdiente einen Sol, etwa 30 Cent. Sein Problem war nicht nur die falsche Show, sondern vor allem die falsche Bühne.

Er sang im Lokalzug von Cusco nach Machu Picchu, und in dem sitzen nur wenige Menschen mit zu viel Geld. Die fahren in eigenen Touristenzügen, die teuer und versperrt sind, um Diebstähle zu vermeiden. Damit können die fliegenden Händler nicht hinein, die meistens Getränke und Essen verkaufen – aber nicht nur. Im Lokalzug war einer, der es mit Taschenlampen, Schraubenziehern und Nagelzwickern versuchte. Ist ja ganz richtig, wie oft sitzt man in einem Zug und plötzlich überfällt es einen siedend heiß: Verdammt! Kein Nagelzwicker.

Der Bub hingegen versuchte singend zu Geld zu kommen. Er war lächerlich feierlich angezogen und hielt vor jedem Lied eine hölzerne, auswendig gelernte Vorrede. Dann ging er mit geschlossenen Augen auf und ab, begleitete sich mit einem immer gleichbleibenden Akkord, vermutlich dem einzigen, den er konnte, auf einem grausam verstimmten Charango, sang ein bisschen falsch – und lispelte zu allem Überfluss auch noch.

Es war zum Steinerweichen. Nicht, dass es ein Bub, der von seinen Eltern als Schuhputzer auf die Straße geschickt wird, leichter hat. Aber der hat zumindest eine Chance, was zu verdienen. Der Sänger hatte keine. Seine Bemühungen waren völlig sinnlos. Als ich ihm den Sol gab, schauten mich die umsitzenden Peruaner an, als hätte ich gerade krachend gefurzt.

Um am frühen Morgen bei den Ruinen von Machu Picchu sein zu können, bevor der Touristenzug aus Cusco ankam, übernachtete ich in Aguas Calientes, dem nächstgelegenen Dorf. Am nächsten Tag war ich um sieben Uhr oben, vor mir nur eine Gruppe amerikanischer Senioren, die in dem hässlichen und teuren Hotel übernachtet haben mussten, das der einzige blinde Architekt Perus gleich neben der Inka-Stadt bauen hatte dürfen.

Die Amerikaner fotografierten und filmten die Arbeiter, die täglich verhindern, dass sich der Dschungel Machu Picchu zurückholt, so intensiv, als hätten sie eine seltene Tierart vor der Linse. Die Arbeiter schliffen gerade ihre Macheten, manche reagierten amüsiert, andere konsterniert.

Ich kletterte auf einen Hügel, von dem aus man die ganze Stadt überblicken konnte. Es war genau die Postkarten-Ansicht von Machu Picchu, die man vermutlich auf der ganzen Welt kennt, mit dem Gipfel des Huayna Picchu im Hintergrund.

Rundherum reihen sich dunkelgrün überwucherte, steilwandige Berge bis zum Horizont. Machu Picchu war zwar fast 400 Jahre unter

Dschungel begraben, aber die meisten Häuser sind intakt geblieben oder wurden wieder zusammengesetzt. Die Spanier hätten die Stadt wie alle anderen der Inkas zerstört – sie haben sie aber nicht gefunden. Kein Wunder. Wenn man unten ist, im Tal, das der Río Urobamba geschnitten hat, käme man nie auf die Idee, dass sich auf einem der senkrecht aufragenden Zinken eine Stadt befinden könnte.

Die Sonne ging auf. Aus dem Tal stieg eine Nebelwelle hoch, floss durch und über die Ruinen. Es war einer der Augenblicke, in denen man weiß, warum man reist.

Ich blieb noch lange auf dem Hügel und versuchte mir vorzustellen, was gewesen wäre und jetzt sein würde, hätten die Europäer nicht nur diese Stadt, sondern ganz Amerika nicht gefunden. Von weit unten konnte ich das Heulen eines Zuges hören.

## Die Nackten und die Toten

Die wirtschaftliche Lage Österreichs interessierte ihn. Auch. Aber etwas anderes beschäftigte ihn noch mehr.

»Stimmt es, dass die Frauen in Europa nackt schwimmen gehen?«

Er war Student, Marketing, wir saßen nebeneinander im Bus.

»Manche«, sagte ich, »aber nicht nur Frauen.«

»Wie? Männer und Frauen? Am selben Strand?«

Ich versuchte ihm zu beschreiben, was sich an einem August-Samstag auf der Donauinsel abspielt. Seine Gefühle dazu waren ambivalent. Tausende nackte Frauen – das gefiel ihm. Solange seine Freundin nicht darunter wäre. Selbst auch hosenlos sein zu müssen, gefiel ihm weniger. Er verlieh der Sorge Ausdruck, wie er denn dastünde, wenn ihm ein Mädchen gefiele, also wirklich gut gefiele. (Mit Sicherheit das geringste Problem, das ein südamerikanischer Mann an einem FKK-Strand hätte.)

Schließlich fragte er in verschrobener Formulierung: »Und kann man am Strand auch gleich Beziehungen haben?«

Es erschien ihm völlig logisch. Wenn die Europäer in Massen nackt herumrennen, dann treiben sie's auch, wann und wie es ihnen gerade einfällt.

Ich stieg in Nasca aus, einer Kleinstadt in der grauen Wüste westlich der peruanischen Anden, um dort die geheimnisvollen »Linien« zu sehen. Riesige Figuren, die von einer Prä-Inka-Zivilisation in den harten Wüstenboden gegraben wurden. Manche sind geometrisch, andere zeigen Tiere – etwa einen Affen, einen Wal oder eine Spinne.

Eine deutsche Archäologin, die 40 Jahre auf einer Stehleiter in der Wüste verbracht hat (die Figuren sind zu groß, als dass man sie vom Boden aus überblicken könnte; noch ein Rätsel – konnten die Urheber am Ende fliegen?), sieht in dem ganzen eine Art Kalender. Andere Theorien tippen auf Götterverehrung und ein englischer Forscher kam zu dem Schluss, es handle sich um so etwas wie Rennstrecken.

Ich gehöre zu den Anhängern der letzteren Version. Die Nascas liefen vor 1500 Jahren auf einem Affen um die Wette. So war das.

»Es kann sein, dass noch jemand einzieht«, sagte mir der Besitzer des schäbigen Hotels, als er mir mein Doppelzimmer zeigte. »Aber keine Angst – kein Peruaner!«

Ich war zu müde, um darauf die passende Antwort zu finden, und ließ mir ebenso widerstandslos die »Nasca-alles-inklusive«-Tour verkaufen. Der Mann war glatzköpfig, dick und an seinem Bauch fehlte ein Hemdknopf. »Rrrrrainer«, rief er immer wieder unvermittelt aus, kratzte sich an der knopflosen Stelle und grinste hocherfreut, ganz so, als würde er jeden Moment hinzufügen: »Wo warst du so lange?« Er war sehr zufrieden mit mir.

Am nächsten Morgen flog ich zuerst mit einer kleinen Maschine, gesteuert von einem leicht genervten Piloten, über die Linien.

»Affe«, sagte er gereizt, »Spinne«, und schaute dabei drein, als hätte er jetzt sehr gerne eine Bombe an Bord, um mit der Spinne aufzuräumen und nie wieder über sie fliegen zu müssen.

Anschließend brachte der Dicke vom Hotel die Tourgruppe zum Friedhof. Die alten Nasca wurden in ihren trockenen Wüstengräbern sehr gut konserviert. Außerdem rieb man ihre Haut mit einer Mixtur aus Öl, Salz und Chili ein, um sie weitgehend zu erhalten, setzte die Toten mit dem Gesicht zur aufgehenden Sonne und gab ihnen Keramikgefäße mit. Alles das hatte Bedeutung für das Leben nach dem Tod.

Die Gräber wurden und werden immer noch geplündert – in Peru ist »privates Sammeln« erlaubt – und die Toten liegen jetzt eben so herum, in ihre Einzelteile zerlegt. Eine Müllhalde aus Menschen. Man tritt auf Rippen, Wirbelsäulen, Haut- und Kleiderfetzen, ob man will oder nicht. Ich habe selten einen deprimierenderen Ort gesehen.

Einige israelische Mädchen amüsierten sich hervorragend. Sie machten Fotos mit Knochen am Arm oder Schädeln, denen sie aus herumliegenden Zöpfen Schnurrbärte bastelten. Ich begann Nasca und die mich umgebenden Menschen heftig nicht leiden zu können.

»Rrrrrrainer!« Wie gefällt dir der Friedhof?«

Der auch noch.

Ich nahm den nächsten Bus Richtung Süden. Der Mann neben mir wollte über die wirtschaftliche Lage Österreichs, Polens und Albaniens informiert werden. Dann sagte er, nahtlos fortsetzend: »In Dänemark gehen die Frauen ohne alles an den Strand.«

24 Stunden später war ich in Yunguyo am Südufer des Titicacasees, wieder an der Grenze zu Bolivien. Eine Besonderheit dieser Gegend sind die Fahrradtaxis. Es gibt sie weder anderswo in Peru noch auf der bolivianischen Seite des Sees. Ich nahm eines, um zur Grenze zu kommen, zwei Kilometer außerhalb des Ortes.

Der Fahrer war ein junger Mann. Ich fragte ihn, wie das Geschäft gehe. »Schlecht.« Mehr als acht Sol (2,50 Euro) am Tag seien nicht drin. Es ging in der Zwischenzeit bergauf – und wir waren wieder auf 3800 Meter. Er keuchte schwer. Ich stieg aus und ging den letzten halben Kilometer neben ihm her, er schob sein Gefährt mit meinem Rucksack.

Er fragte nach der wirtschaftlichen Lage Österreichs. Und nicht nach nackten Frauen! Dann wollte er wissen, ob ich Kinder hätte. Und als ich verneinte, wie alt ich sei. 31. Er war beeindruckt. Er sei 23, habe ein Kind und es werde wohl jedes Jahr eines dazukommen. Das könne er sich aber eigentlich nicht leisten. »Was ist euer Geheimnis in Europa? So alt und keine Kinder.« Ich lachte. Aber er sagte: »Ich meine es ernst! Wie macht ihr das?«

»Geheimnis, es gibt kein Geheimnis«, murmelte ich unsicher.

Ich zahlte, nahm meinen Rucksack und wünschte ihm Glück. Dann fiel mir doch noch ein Geheimnis für ihn ein.

»Hör nicht auf den Papst«, sagte ich und ging über die Grenze.

# BRASILIEN

## In Rio ist kein Karneval

»Ich bin in Rio«, sagte ich am Telefon zu einem Freund in Wien.

»Ich hab die Maler«, war die Antwort. »Was für ein Leben.«

Rio löst in vielen Menschen etwas aus. Ich gebe zu, einigen Freunden Karten aus Rio geschickt zu haben, weil ich wusste, dass ich ihnen damit den Tag versaue. Keine andere Stadt der Welt ist dermaßen mit alltagsmüden Träumen überfrachtet. Kein Strand auch nur annähernd so berühmt wie die Copacabana. Wenn ich den Sechser mache oder eine Bank – ab nach Rio.

Ich weiß nicht. Ich wollte nicht viel von der Stadt. Nur das, was alle Touristen wollen: Meer, Sonne, Nightlife. Es war meine letzte Woche in Südamerika und ich hatte keine Lust, auf den Zuckerhut, in eine Favela oder sonstwohin zu fahren. Ich war einige Male in Ipanema, weil ich dorthin zu Fuß gehen konnte, aber sonst verließ ich den Stadtteil Copacabana nur einmal, um Flamengo (Romario!) in Maracanã, dem größten Stadion der Welt, spielen zu sehen. Es war ein ziemlich langweiliges Match, und in der Pause pinkelten viele Fans von der oberen Tribüne auf die untere.

Und wo werde ich schon gesessen sein?

In Rio ist jetzt Winter (25 Grad) und kein Karneval. Es ist ziemlich – nun ja, ruhig. Ich verschlief meinen ersten Tag, weil ich eine 24-stündige Busfahrt hinter mir hatte. Am Abend aber brach ich auf, Samba und Caipirinha im Sinn, das brodelnde Nachtleben zu suchen.

Ich fand es nur nicht.

Eine Stunde wanderte ich durch fast leere Straßen. Es gelang mir tatsächlich, in Copacabana nicht eine Bar oder so etwas zu finden. In den teuren Hotels, die an der Avenida Atlântica aufgefädelt sind, gibt es natürlich welche, aber das war nicht ganz das, was ich mir unter einem entspannten Abend in Rio vorstellte.

Meine Tour endete schließlich am Strand. Bei einem Kiosk, der noch offen hatte, kaufte ich ein Bier, setzte mich in den Sand und zählte die Flutlichtmasten, mit denen die Copacabana nachts beleuchtet wird.

Es sind genau 50.

In der Dunkelheit allein durch Copacabana zu streifen, ist riskant. Hier passieren die meisten Überfälle. Die sozialen Probleme sind enorm, die Kriminalitätsrate auch. In meinem Reiseführer fand ich eine recht ungewöhnliche Notiz, betreffend Autokidnapping: »Autofahrer! Achten Sie auf lebende Schlangen, die durch ihre Fenster geworfen werden. Sie steigen aus, der Dieb ein.«

Mir wurden am Strand nur meine Turnschuhe gestohlen – ohne Einsatz biologischer Waffen. Ich ließ sie nicht etwa allein, um schwimmen zu gehen. Das Wasser ist nämlich zu dreckig. Rios Zeitungen beurteilen täglich alle Strände der Stadt nach der Wasserqualität. Während ich dort war, bekam die Copacabana täglich ein »ungeeignet«.

Ich merkte nicht einmal, dass meine Schuhe weg waren, bis mich einige Jugendliche, die neben mir Fußball spielten, darauf aufmerksam machten. Nun, ich kann Portugiesisch zwar einigermaßen lesen, aber nicht sprechen. Sie zeigten auf ihre Füße, dann auf meine und ich sagte (auf Spanisch): »Danke, ich will nicht Fußball spielen.« Bis ich endlich begriffen hatte, erklärten sie mir, der Dieb sei in diese Richtung gelaufen. Wenn ich was springen ließe, würden sie die Verfolgung aufnehmen und meine Schuhe zurückholen.

Ich willigte ein. Zwei von ihnen rannten weg und kamen nach einer Viertelstunde wieder. Sie hätten den Dieb erwischt, verprügelt und der Polizei übergeben. Damit hätten sie ihr Geld verdient, fanden sie. In der Zwischenzeit war mir natürlich klar geworden, wer mich bestohlen haben musste. Ich beließ es dabei, weil ich die Schuhe ohnehin nicht wirklich leiden konnte. Aber dass sich die Freunde dachten, wenn der Idiot nicht einmal merkt, dass wir ihn beklauen, können wir doch versuchen, noch mehr rauszuholen, war bemerkenswert frech.

Und die Mädchen?, fragt sich jetzt ein Leser aus Hainburg. Wann schreibt er endlich über die schönen, promiskuitiven Mädchen? Die wären doch Grund genug, einmal nicht am Klopeinersee Urlaub zu machen, oder?

Die meisten der wirklich sehr schönen Mädchen, die tagsüber in den bekannt sparsam geschnittenen Bikinis am Strand herumgingen und immer den Eindruck machten, als suchten sie jemanden, sah ich eines Nachts vor dem »Help« wieder. Eine Diskothek, die damit wirbt, die größte Südamerikas zu sein, aber nicht aus diesem Grund bei männlichen Touristen sehr beliebt ist. Die Avenida Atlântica wird in der Nacht zu einem vier Kilometer langen Strich. Und das »Help« scheint die Zentrale zu sein. Wo Nachfrage, da Angebot. Die Nachfrage in Copacabana muss groß sein.

Während der letzten vier Tage meines Aufenthalts war das Wetter schlecht. Es regnete jeden Tag. Kein Meer, kein Nightlife, kein Strand. Ich saß sehr übel gelaunt im Hotel herum und sah viel fern. Gameshows, bei denen es darum ging, bei jedem Spiel ein Mädchen in einem dieser bekannt sparsam geschnittenen Bikinis dabeizuhaben, um auf etwas hinzoomen zu können. Die Spiele, die ich mir gemerkt habe, waren Tortenwerfen, Schlammringen und angezogen in einen Swimmingpool zu springen (Frau + Mann), um dort die Kleider auszutauschen.

Nachdem ich in Rio so viel Spaß gehabt hatte, machte es mir nichts aus, am Tag meiner Abreise eine schlimme Grippe zu bekommen. Ich hatte hohes Fieber und kann mich nicht mehr erinnern, wie ich durch diesen Tag kam.

Als es mir wieder besser ging, war ich schon auf einem anderen Kontinent.

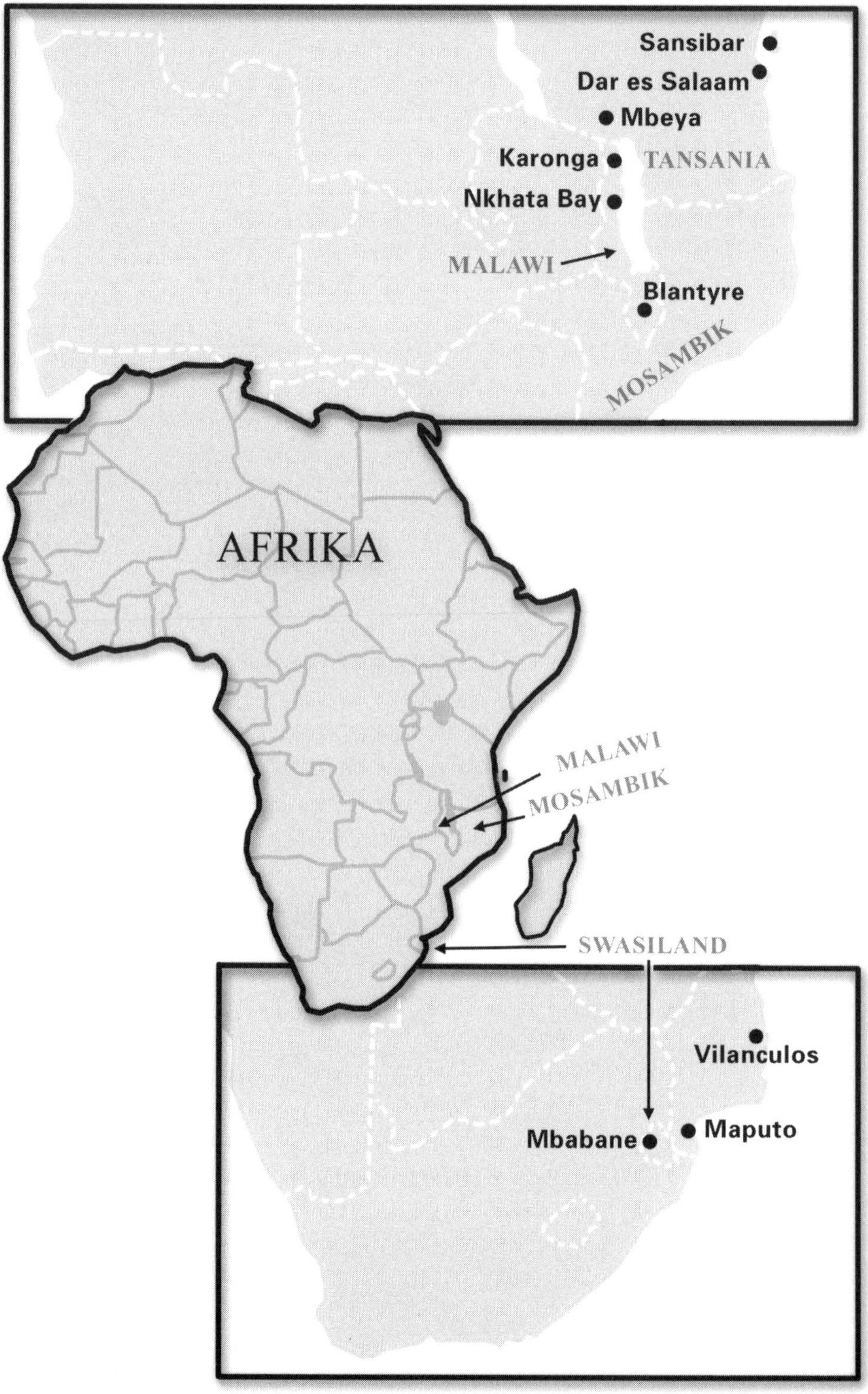
Sansibar
Dar es Salaam
Mbeya
Karonga
TANSANIA
Nkhata Bay
MALAWI
Blantyre
MOSAMBIK
AFRIKA
MALAWI
MOSAMBIK
SWASILAND
Vilanculos
Mbabane
Maputo

# AFRIKA

# ◎ SWASILAND

## Jenseits in Afrika

»Mbabane«, sagte der Hühnerzüchter, »Mbabane ist New York.«

Das fällt einem nicht gleich auf.

Mbabane ist die Hauptstadt des afrikanischen Königreichs Swasiland.

Swasiland liegt zwischen Südafrika und Mosambik eingezwängt und ist ungefähr so groß, grün und hügelig wie die Steiermark.

Mbabane hat ein Kino.

Zu dem Hühnerzüchter, einem persischen Emigranten, war ich von Rio de Janeiro über London und Johannesburg gekommen. Ich traf ihn bei einem Barbecue im Haus von Freunden (einem österreichisch-amerikanischen Ehepaar, das in Mbabane lebt), schüttelte seine Hand und sagte: »How are you?«

Er antwortete: »Furchtbar! Sie müssen sich vorstellen: Ich komme heute raus und – niemand da! Und kein Wasser!«

Das fand ich auch furchtbar, weil ich keine Ahnung hatte, wovon er redete. Manchen Hühnerzüchtern sieht man's nicht an.

Nach einem kürzeren, angeregten Wortwechsel kam New York ins Spiel. Mbabane sei so gefährlich, dass man nach Einbruch der Dunkelheit das Haus am besten nicht mehr verlasse. Das ist zwar Blödsinn, aber dennoch geht es einer Branche in Mbabane besonders gut: privaten Wachfirmen. Jeden Abend schwärmen Hunderte Uniformierte aus – meist in Dunkelgrün – und verbringen die Nacht vor Geschäften im überschaubaren Zentrum und den Häusern der Weißen. Auch auf meine Freunde passte einer auf. Eines Nachts sah ich ihn an einem kleinen Feuer im Garten sitzen. Ich ging hin.

Der Wächter hieß Ezechiel – Swasis sind brave Christen. Er war ein leiser junger Mann mit Sorgen. Er konnte seinen Job nicht leiden.

»Was ist das für ein Beruf? Jede Nacht im Garten anderer Leute zu sitzen.«

Ich fragte, wie viele Frauen er hätte. Männer können in Swasiland – wie in vielen afrikanischen Staaten – so viele Frauen heiraten, wie sie zu brauchen glauben. Sobhuza II., Vorgänger des jetzigen Königs, hatte 100 Frauen und 600 Kinder. Damit können normale Männer natürlich nicht mithalten, ihr Schnitt muss so irgendwo zwischen zwei und vier liegen.

Ezechiel hatte nur eine Frau. Und die praktisch auf Kredit. Er schuldete seinem Schwiegervater 21 Kühe. Das ist der Standardsatz. Sechs Kühe werden fällig, wenn man um die Hand eines Mädchens anhält. Bindet man ihm einen Streifen Haut von einer frisch geschlachteten Ziege um das Handgelenk – so heiratete Ezechiel –, werden 15 weitere in Rechnung gestellt.

»Wirst du zahlen, Ezechiel?«

»Oh, natürlich. Sobald ich irgendwie kann. Das ist eine Frage der Ehre.«

Als ich ihm erzählte, dass europäische Männer ins Gefängnis kommen, wenn sie mit mehr als einer Frau gleichzeitig verheiratet sind, sagte Ezechiel: »Warum?«

Von da an besuchte ich ihn jede Nacht. Ezechiel klagte über die Unfähigkeit und Bestechlichkeit der Regierung. Die Überflüssigkeit des teuren Königs, die Schwierigkeit des Überlebens in Swasiland. Er erzählte Fabeln und Geschichten, die er von seiner Großmutter gehört hatte.

Eines Abends begann er das Gespräch so: »Als ich angefangen habe, als Wächter zu arbeiten, habe ich Angst gehabt. Aber nicht vor Räubern. Vor Geistern.«

»Was für Geister?«

»Ach, es gibt so viele böse, aber jetzt weiß ich, dass sie nicht in die Stadt kommen. Wegen der Lichter.«

Normalerweise begann er Geschichten immer mit der Wendung »Jemand hat mir erzählt, ich bin nicht sicher, ob es stimmt ...« Bei den Geistergeschichten ließ er sie weg. An ihrer Richtigkeit bestand offenbar kein Zweifel. Ezechiel berichtete von der Prostituierten, die ein Stück außerhalb der Stadt Autos anhalte und sich dann in diesen in Luft auflöse. Und dem Mann mit dem unheimlichen großen

Hund wäre er beinahe einmal begegnet. Und den »Witchdoctor«, der einen Mann mit Blitzen aus seinen Händen getötet habe – den habe er selbst gesehen.

»Du hast gesehen, wie aus seinen Händen Blitze gekommen sind?«

Er bestand darauf. Auf eine genauere Schilderung wollte er sich aber nicht einlassen. Darüber spreche man besser nicht.

Witchdoctors sind keine Geister. Es sind Menschen, denen man übernatürliche Kräfte zuschreibt, die sie auch gezielt einsetzen können. Sie durchlaufen eine besondere Ausbildung. Südafrikaner kommen dafür zu Witchdoctors in Swasiland, und die Swasis gehen nach Mosambik, weil sie glauben, dass sie dort mehr lernen.

Ezechiel zeigte mir drei kleine Schnitte auf der Innenseite seines rechten Unterarmes. Eine Schutzimpfung. »Muti (Medizin) gegen Blitze.« Eine Mischung aus Wurzeln und Tierfell verhindere, dass er sich bei einem Gewitter verkriechen müsse wie ein Tier.

Witchdoctors haben Medizin gegen Bisse der grünen und schwarzen Mamba und heilen alle möglichen Krankheiten. In der *»Swazi-Times«* las ich von der Verurteilung eines Mannes zu einer Geldstrafe von 200 Emalangeni (6 Euro) wegen des Besitzes von Ganja (Marihuana). Seine Rechtfertigung war ihm zumindest als mildernder Umstand angerechnet worden – ein Witchdoctor habe es ihm gegen Magenschmerzen verschrieben. Aber die Zauberer können eben auch anders und räumen Feinde aus dem Weg, als bezahlte Profikiller. Ohne Spuren zu hinterlassen.

Doch an so etwas glauben doch wohl nur Afrikaner. Denen könnte man vermutlich auch einreden, dass jemand über Wasser gehen kann und es anschließend in Wein verwandelt.

## Zwei Amerikaner in Mbabane

Der erste Weiße, der mir etwas über Mosambik erzählte, war Peter, ein amerikanischer Entwicklungshelfer, der in Swasiland lebt. Bei dieser Zählung lasse ich jetzt einen Österreicher aus, von dem ich vor einiger

Zeit, noch in Wien, die Geschichte seines Autounfalls in Mosambik hörte, den er auf dem Weg zu geplanten sexuellen Ausschweifungen in irgendwelchen Sanddünen hatte. Dieser Mann war im Besitz von Schöndruck-Visitenkarten mit der Berufsbezeichnung »Essayist«.

Ich fragte also nicht weiter.

Peter war schon oft in Mosambik und wird demnächst dorthin übersiedeln, um bei einem Entwicklungshilfeprojekt mitzuarbeiten. Er hatte sich für die Leitung beworben, aber diesen Job hatte jemand bekommen, der bei Peters Vorstellungsgespräch dabei war. Seine Frau Ruth, eine Swasi. Peter hatte im Wesentlichen drei Informationen für mich:

»In Quelimane gibt es die schönsten Frauen der Welt.«

»In Xai-Xai ist kürzlich ein Mann von einem Hai gefressen worden.«

»Wenn du in Mo unterwegs bist und pinkeln musst, tu es auf der Straße. Geh nicht in den Graben, sonst tust du es vielleicht zum letzten Mal.«

Das war eine Sprengwarnung. Man schätzt, dass in Mosambik eine Million Minen vergraben sind. Der Bürgerkrieg zwischen der ehemals marxistischen FRELIMO, die die Unabhängigkeit des Landes von Portugal erkämpfte, und den Rebellen oder besser Terroristen der RENAMO dauerte 17 Jahre und ging erst vor vier Jahren zu Ende.

Die RENAMO wurde von Südafrika finanziell und militärisch unterstützt, spezialisierte sich darauf, Dörfer zu überfallen und den Bewohnern Nasen und Ohren abzuschneiden und ruinierte das Land so nachhaltig, dass es heute zu den allerärmsten der Welt gehört. Südafrika befand es für notwendig, den Nachbarstaat auszubluten, weil Nelson Mandelas ANC dort einen Stützpunkt hatte.

Als Peter von Xai-Xai sprach, fiel ihm Barry ein, auch ein Amerikaner, der dort gearbeitet hatte. Barry war jetzt wieder in Swasiland. »Der hat die ultimative Mo-Geschichte für dich.«

Peter rannte weg, um Barry anzurufen, und ich lernte in der Zwischenzeit den Besitzer des Steakhauses kennen, in dem wir uns befanden. Jochen aus Hannover. Er hatte früher im Sheraton in Gaborone (Botsuana) gearbeitet und sich vor kurzem in Mbabane selbstständig gemacht. Demnächst werde er auch ein Lokal in Maputo, der Hauptstadt von Mosambik, eröffnen. Ein von ihm bestochener Minister habe ihm den Deal ermöglicht. »Wenn er nach Mbabane kommt, isst er gratis bei mir. Denn Geld darfst du ihnen keines geben, dann wollen sie nur immer mehr.« Nach einer kleinen Pause sagte Jochen: »An dem Restaurant in Maputo ist er mit 5 Prozent beteiligt.«

Peter kam zurück. »Barry hat gesagt, in zehn Minuten ist der Kaffee fertig. Gehen wir.« Als wir das Lokal verließen, sagte er: »Du musst wissen, Barry war drei Jahre in Vietnam an der Front. Das hat sein Hirn gebraten. Aber er ist ein netter Kerl.«

Barry war groß, athletisch und hatte einen extrem kurzen Bürstenhaarschnitt. Er sah aus, als sei er erst gestern von der Front zurückgekommen. »Man, I can tell you«, sagte er und begann ausufernd zu erzählen.

Er habe als Entwicklungshelfer in Xai-Xai Häuser gebaut. Eines Tages seien Polizisten auf die Baustelle gekommen, hätten befunden, dass mit seinem Pass etwas nicht in Ordnung sei, und ihn verhaftet. Vier Tage habe er in einer kleinen Zelle mit zehn anderen, darunter Mörder, verbracht, ehe ihn jemand von der US-Botschaft herausholte.

»Da war nichts, nur feuchter Beton und ein geflochtener Brotkorb, in den mussten wir alle scheißen und dann versuchen, die Scheiße beim Fenster rauszuwerfen.«

Am schlimmsten sei aber gewesen, dass er einmal hören konnte, wie die Polizisten einen Mann prügelten. »Sie schlugen ihn über eine Stunde. Er schrie fürchterlich, ich dachte, verdammt, der Nächste bist du.« Barry strich sich mit seiner riesigen Hand über die Igelhaare. »Man, I can tell you – ich habe noch nie solche Angst gehabt.«

Ich wusste nicht, was ich davon halten sollte. Wie Barry sprach und sich verhielt, deutete darauf hin, dass er in Vietnam tatsächlich etwas abbekommen hatte. Aber warum sollte er so etwas erfinden? Er bestand auch darauf, dass mit seinen Papieren alles in Ordnung gewesen sei – in diesem Punkt widersprach Peter – und dass man ihn nur schikaniert habe, weil er sich die falschen Leute zu Feinden gemacht habe, sprich: Sie nicht bestochen habe.

Die Schilderung der Prügelszene inspirierte wiederum Peter. Er begann im Flüsterton eine wirre Geschichte zu erzählen. Ein verheirateter Swasi, den er gut kenne, habe die 16-jährige Schwester von Ruth, Peters Frau, geschwängert und ihr gedroht, sie umzubringen, falls sie ihn als Vater angäbe. Peter schilderte ausführlich, wie er den Mann zugrunde richten werde. Dies werde er gemeinsam mit Ruths Bruder tun.

»Du musst in die Rippen schlagen, unten, wo sie weich sind«, er tippte sich mit beiden Mittelfingern an die entsprechenden Stellen und hatte die Augen weit aufgerissen. »Hast du schon einmal jemanden hierher geschlagen?«, fragte er mich.

Ich fragte mich, ob Barry und Peter vielleicht gemeinsam in Vietnam gewesen waren.

»Das tut höllisch weh, und das Beste ist – es hinterlässt keine Spuren. Oh Mann, werde ich das genießen.«

Ich verspürte plötzlich das dringende Bedürfnis, ganz woanders zu sein. In Mosambik zum Beispiel. Mit oder ohne Brotkorb.

# MOSAMBIK

## »Café Central«

Der Totenkopf hing neben der lachenden Kuh und war auch rot.

Die Kuh warb für französischen Butterkäse. Über dem Totenkopf stand »Perigo Minas«. Minen. Ich hatte dieses Schild schon auf der Fahrt nach Maputo gesehen, abseits der Straße an Bäume genagelt. Jetzt sah ich es an einem Kühlschrank hinter der Bar des Hotels »Central«.

»Da ist das Bier drin«, sagte der Barkeeper und nahm das Schild herunter. »Das ist Portugiesisch, und das«, er wies auf zwei Zeilen unter dem Kopf, »das eine ist der Dialekt von Maputo, das andere verstehe ich auch nicht. Mosambik hat so viele Sprachen. Zu viele.« Er hängte das Schild wieder auf. »Viele Minen auch, hihi!«

Am Ende der Bar hantieren drei Männer mit dem Fernseher, der den ganzen Tag lief, meist mit verzerrtem Bild und Ton. In jedem Lokal, in das ich im Lauf der ersten Tage gekommen war, stand ein Fernseher. Am ersten Abend sah ich bei einem Inder das Finalspiel der NBA, Chicago Bulls gegen Seattle Supersonics. Es war die Aufzeichnung einer Übertragung, die ich sechs Wochen zuvor schon einmal im brasilianischen Fernsehen gesehen hatte. Ich erkannte die Intensität des Kommentars wieder.

Die drei Männer im »Central« versuchten, einen offenbar neuen Videorekorder an den Fernseher anzuschließen. Der Fernsehschirm verstrahlte nur sattes Blau. Aber der Ton funktionierte. Man konnte eine Frau stöhnen hören. Pornos heißen im Englischen »Blue Movies«.

Der Taxifahrer, der mich vor vier Tagen ins »Central« gebracht hatte, stand am anderen Ende der Bar und lächelte mir zu. Wir hatten einander kennengelernt, als ich nach einer Nacht in einem grotesk teuren, bröckelnden Hochhaus-Hotel, in das ich über einige Umwege geraten war, umziehen wollte. Er wisse einen Platz, meinte er.

Ein paar Minuten später überprüfte er schon die Festigkeit der für mich vorgesehenen Matratze und schaute skeptisch. Ich hatte ihm und dem Hotelbesitzer mit meinen Rucksäcken nicht so schnell folgen können und sagte, gleich von der Tür aus: »Ich nehme es.«

Wenn ihm das Bett nicht so zusagte, konnte ich vielleicht doch noch verhindern, dass er mit mir zusammenzog.

Das »Central« war keineswegs eines der schlechten Hotels in Maputo. Es schleppte sich so dahin, wie die ganze Hauptstadt des geprügelten Landes, aber es war dabei nicht schlecht aufgelegt. So gut wie alle Zimmer hatten Fenster zum Gang, die meisten ohne Scheiben. Man schlief also nah beisammen, man stand gemeinsam auf.

Bald hatte ich akzeptiert, dass wir uns entschlossen hatten, alle sehr früh aufzustehen.

Vor meinem Zimmer tobte und heulte jeden Morgen ein kleiner Bub auf und ab. Bis er mich einmal sah. Ich kam einfach nur aus meinem Zimmer. Er riss den Mund auf, ließ seinen Roller fallen und rannte von stummem Entsetzen geschüttelt davon. Aber Mama, da war wirklich ein großes weißes Tier!

Einmal krochen kleine schwarze Würmer aus dem Abfluss meines Waschbeckens. Aber es gab warmes Wasser und Gemeinschaftsduschen, das Essen im Restaurant war gut und der Barkeeper sprach Englisch. Wollte ich in meinen Tagen in Maputo mit jemandem reden, war ich mehr oder weniger auf ihn beschränkt. Englisch ist in Mosambik nicht sehr verbreitet und mein Portugiesisch nach wie vor armselig.

Außer ihm sprachen mich im »Central« nur drei Menschen an. Der Universitätslektor für, ich glaube, man übersetzt es mit »Forschungsmethodik«, hatte ein Jahr in London studiert und sprach perfektes britisches Englisch. Wir unterhielten uns über den desolaten Zustand seines Landes, und als er meinen Beruf erfuhr, sagte er: »Ich schreibe auch. Gedichte.« Gedichte über Afrika, auf Englisch.

»Ich würde gerne welche lesen«, sagte ich.

Er versprach, sie zu bringen. Aber ich sah ihn nie wieder.

Ein anderer Mann fragte mich, woher ich käme. Als er »Austria« hörte, dachte er kurz nach und sagte dann ein Wort, das ich erst beim dritten Mal verstand: Auschwitz.

Dann folgte eine sehr schnelle Assoziationskette: Hitler habe doch auch Norwegen besetzt. Deshalb könne er Hitler nicht leiden, denn Norwegen sei das einzige Land, das Mosambik wirklich helfe. Er trank aus, stand auf und sagte nachdrücklich: »I love Norway!«

»I love you«, war das Erste, was das große, dünne Mädchen zu mir sagte. Das hatte ich bisher auf meiner Reise erst einmal gehört, von einer völlig entrückten Obdachlosen in Rio de Janeiro, die mir die Hände küssen wollte und mir ihre Telefonnummer in New York auf den Unterarm schrieb. Sie war sehr jung gewesen, wie auch das Mädchen jetzt.

Ihr Englisch war damit erschöpft, aber auf Portugiesisch machte sie mir klar, dass sie ein Kind von mir wolle. Ich bemühte mich, sie freundlich loszuwerden, und ging schließlich, da es mir nicht gelang. Sie rief mir nach: »Zahl mir wenigstens ein Bier!«

Eines Abends fragte ich den Barkeeper, ob ich irgendwo in der Nähe noch etwas trinken könnte. Das »Central« sperrte schon um zehn zu. Er nannte mir ein Lokal.

Es stellte sich als Strip-Club in einer dunklen Gasse heraus. Außer mir war noch ein Gast da. Ein Mann scheuchte eines der beiden Mädchen, die in engen Minikleidern an der Bar saßen, auf eine kleine Bühne. Sie begann, um einen roten Plastiksessel zu irgendwas von »Clapton Unplugged« zu tanzen, schaute immer wieder zu ihrer Freundin und wand sich dann in nervösen Lachanfällen.

Sie schämte sich.

Im Fernsehen lief eine brasilianische Seifenoper. Lauter schöne und reiche Menschen.

## Am Tag, als der Regen kam

Der Kellner sah dem Schwarzen aus »*Shining*« ähnlich, dem, der dann von Jack Nicholson in der Hotelhalle umgehackt wird.

»Fischsuppe«, sagte er.

Sein silberner Haarkranz flackerte im Gleichklang mit der Kerze auf meinem Tisch. Die meisten seiner Haare waren dunkel, nur der Streifen, der sein Gesicht umrahmte, weiß. Der Mann machte eine kleine Pause, als wollte er dem Hauptgang mehr Gewicht verschaffen, und sagte dann:

»Und Fisch.«

Der Generator, der jeden Abend zwischen 18 und 21 Uhr Strom produzierte, war vor einigen Minuten abgestorben, obwohl es noch lange nicht 21 Uhr war. Im Hotel »Dona Ana« war es, bis auf einige strategische Punkte, an denen Kerzen brannten, dunkel.

Das »Dona Ana« sah dem Hotel aus *Shining* nur bedingt ähnlich. Es stand direkt am Indischen Ozean in dem Fischerdorf Vilanculos, 700 Kilometer nördlich von Maputo. Es hatte weitläufige Gänge, eine schön zum Meer geöffnete Halle und den morschen Charme, den abgewohnte Hotels manchmal verströmen. Aber wie das Hotel aus *Shining* war auch das »Dona Ana« völlig leer. Ich war der einzige Gast.

»Kein Problem, wir sind nicht voll«, hatte der Hotelmanager gesagt, als ich von meinem Zimmer in eines wechseln wollte, in dem es eine Glühbirne gab und kein fußballgroßes Loch im Fenster, durch das ein heftiger Regensturm hereindrängte.

Das erste Zimmer war mir von einer alten Frau zugeteilt worden, der Putzfrau, wie ich später herausfand. Sie war der einzige Mensch, den ich in dem ganzen Hotel fand, als ich ankam.

»90 000«, sagte sie.

Routinemäßig fragte ich, ob ich das Zimmer zuerst sehen könnte. Wahl hatte ich aber ohnehin keine. Es wurde gerade dunkel, es regnete schon leicht und es gab sonst kein Hotel in Vilanculos, dem touristischen Zentrum Mosambiks. Eine Fledermaus wischte bei der Tür herein und umkreiste zweimal den Kopf der Frau.

»90 000«, wiederholte sie. »Zuerst das Geld.«

Ich mochte das »Dona Ana« gleich.

Ich war nach Vilanculos gekommen, um auf eine der Inseln, der »Ilhas do Paraíso«, die knapp vor der Küste lagen, zu fahren. Aber das Wetter blieb schlecht, also wanderte ich nur im Dorf herum.

In allen Dörfern, die ich bisher gesehen hatte, bestanden die Häuser entweder aus Palmenblättern oder Schilf, vermutlich je nachdem, was näher wuchs. Nur ein einziges war in der Regel europäischen Stils. Ein von den portugiesischen Besitzern lange verlassenes Skelett, die Dorfbewohner hatten alles Verwertbare abmontiert. Aber nirgendwo war jemand eingezogen.

Vilanculos hatte mehrere Ziegelhäuser und sie gehörten einheimischen Kaufleuten. Der Ort war vergleichsweise reich. Nicht zuletzt wegen der Touristen, Südafrikaner meist, die zum Tauchen oder Tiefseefischen kamen. Nicht in rauen Massen, aber immerhin.

»Too much white«, antwortete ein junger Mann, der mich auf der Straße angesprochen hatte, auf meine Frage nach den Touristen.

Er habe ein Boot, erzählte er in gebrochenem Englisch, mit dem bringe er die Weißen zu den Inseln. Ich wollte wissen, was das koste. »Too much«, sagte er, und mein Verdacht, dass wir ein wenig aneinander vorbeiredeten, erhärtete sich.

Als ich ihn schließlich fragte, wie viele Leute in Vilanculos lebten, wusste ich die Antwort irgendwie schon vorher.

In einem kleinen Restaurant rührte mir ein junger Mann stumm kalten Nescafé an. Er hatte eine klaffende Narbe über die linke Gesichtshälfte, von der Nase bis zum Ohr, und er trug eine Militärhose. FRELIMO oder RENAMO?, dachte ich. Auf welcher Seite er wohl war, im Bürgerkrieg? Hatte dieser Mann noch vor ein paar Jahren Kindern die Ohren abgeschnitten?

Die sichtbarste Kriegsfolge in Mosambik sind die vielen verstümmelten Minenopfer. Wenn sie Glück hatten, fehlt ihnen nur ein Bein. Vilanculos hatte den für Mosambik normalen Anteil an Einbeinigen. Und einen Verkäufer, der am Straßenrand gebrauchte Schuhe anbot. Auch einzeln.

Es regnete auch an den nächsten beiden Tagen. In Mosambik ist jetzt Winter. Und Trockenzeit. Es hatte wenig Sinn, bei diesem Wetter einen subtropischen Inselstrand zu suchen. Also blieb ich in Vilanculos.

Ich beobachtete Fischerfamilien, die am Strand Berge von Muscheln öffneten. Ich lernte, dass der alte grüne Lastwagen der Fahrschule während der Fahrstunden auch als Transportmittel für Leute diente, die von einem Ortsende zum anderen wollten. Die Menschen waren freundlich zu mir, aber mit ihnen zu kommunizieren war mehr oder weniger unmöglich. Meine Portugiesisch-Insuffizienz begann wirklich mühsam zu werden. Ich war weiß und sprachlos. Und damit so fremd, wie man es in Afrika nur sein kann.

An einem Nachmittag saß ich auf meinem Balkon und starrte missmutig auf den grauen Ozean. Es war genau der richtige Moment, wieder einmal zu versuchen, »Radio Österreich International« zu finden. Bisher war mir das in Afrika noch nirgends gelungen.

Als ich einschaltete, hörte ich sofort gestochen klar, als habe der Sänger auf diesen Augenblick gewartet: »Und drum hob i – a Feebl – für Oba Sankt Veit – weu von durt is – in Himmö – net weiiit.«

An dem Abend, an dem ich beschloss, auf die Inseln zu pfeifen und Richtung Norden aufzubrechen, wo ich besseres Wetter erwartete, waren zwei neue Gäste da. Dem Akzent nach Südafrikaner.

Es gab Krabbe. Die beiden gestikulierten den Kellner herbei. Ich konnte nicht hören, was sie sagten, nur das Resümee des Kellners, bevor er Richtung Küche aufbrach:

»Fisch.«

Nach einer Weile kam er zurück und sagte:
»Kein Fisch.«
Dann nahm er den beiden die Teller weg.

## MALAWI

### Tausende Weiße

Eine der erschreckendsten Aussichten, und jetzt kommt gleich ein unfeiner Ausdruck, dessen Derbheit der Realität aber längst nicht gerecht wird, eine der erschreckendsten Aussichten also, bevor man eine so lange Reise beginnt, ist: ein Jahr in der Abfahrtshocke scheißen.

Ich trinke Leitungswasser, ich esse bei Straßenhändlern, ich nehme meine Malariatabletten nicht mehr, weil mir von ihnen die Haare ausgehen, aber wie.

Aborte hingegen kriegen keinen Vertrauensvorschuss. Also widme ich mich Fragen des Timings und der Oberschenkel. Und will einmal nicht wissen, wie es denn wäre, eine Frau zu sein.

In Blantyre, einer Stadt im Süden von Malawi – und darum überhaupt diese ganze Einleitung, weil mir bei Blantyre zuerst die Klos in der »Wayfarer Lodge« einfallen –, kam erschwerend hinzu, dass man nicht hermetisch ummauert war. Über der Tür war nichts. Man konnte deutlich rein- und raushören.

Meist war weder rein noch raus wirklich gewinnbringend.

Bei gering frequentierten Klos wäre das ja nicht weiter tragisch. Aber in und um die Klos in Blantyre war ständig was los, weil die »Wayfarer Lodge« bis ins letzte Stockbett voll war. Mit Weißen. Manche von denen hatten garantiert Durchfall.

Die letzten drei Tage vor Blantyre hatte ich in Bussen und auf schlimmen Straßen verbracht. Ich floh aus Mosambik, weil ich an dieses Land nicht herankam.

Die Grenze nach Malawi überquerte ich auf dem Gepäckträger eines Rades, das von einem jungen Burschen getreten wurde. Die Grenzstationen lagen einige Kilometer voneinander entfernt, der Gepäckträger war die einzige Möglichkeit, Gehen zu vermeiden.

»Ah, Australia«, sagte mein Transporteur, nachdem ich ihm die Frage nach meiner Herkunft beantwortet hatte.

Ich erwähne es nur dieses eine Mal. Es passiert mir dauernd. In diesem Fall unternahm ich einen der immer seltener werdenden Versuche, Austria ins Bewusstsein der Welt zu bringen. Europa, kleines Land, gleich neben Deutschland.

Dann sagte er, er habe einen Freund, der in Austria arbeite, dachte kurz über den Namen der Stadt nach und fügte schließlich hinzu: »In Brisbane.«

Nach einer Weile sagte ich: »Schöne Stadt, Brisbane.«

Wobei: Wissen Sie übrigens, wo Malawi genau liegt?

Weder in Swasiland noch in Mosambik hatte ich andere Reisende gesehen. Ich war von meiner Hautfarbe und Kultur denkbar weit entfernt, als ich die Tür der »Wayfarer Lodge« öffnete.

Da waren sie.

Tausende Weiße.

Es müssen gut 30 gewesen sein. Und ein paar sahen mich sogar an.

Ich bekam Bett Nummer vier in Zimmer Nummer eins, in dem – wie in allen anderen Zimmern – drei Stockbetten standen. Die Atmosphäre in der Herberge erinnerte an einen Skikurs. An einen englischen allerdings. Denn vier von fünf Gästen – und in den paar Tagen, die ich in Blantyre blieb, zogen mehr als hundert an mir vorbei – kamen aus England. Jeder fünfte war Australier, Neuseeländer oder Südafrikaner. Alle anderen Nationalitäten waren Kommastellen.

Es ging »very british« zu in der Lodge. Man sagte nicht »Thank you« sondern »Cheers«. Man spielte Darts, man aß schlecht.

Ich war auf die touristische Haupttransitroute von Ost- nach Südafrika gestoßen. Sie verläuft von Nairobi nach Kapstadt und genau in der Mitte dazwischen, also schon nach 3000 Kilometern, liegt Blantyre. Auf dieser Strecke sind sehr viele Rucksacktouristen unterwegs und in der Lodge streiften sich Nord- und Südkarawane.

Nord erzählte Süd (oder umgekehrt), wie viel in der Wildnis, die sie erwartete, ein Zimmer kostete. Und die Safari in der Serengeti, die Besteigung des Kilimandscharo, die Fähre nach Sansibar oder das Rafting! und Bungee-Jumping!! bei den Victoria-Fällen.

So gut wie jeder schien mit dem gleichen Einkaufszettel nach Afrika gekommen zu sein, auf dem fünf oder sechs Top-Naturschönheiten standen, die über große Distanzen verstreut waren. Diese wurden dann, in meist erstaunlich kurzer Zeit, bejagt und erlegt.

Die Südkarawane war übrigens die im Schnitt etwas schlechter aufgelegte, denn sie wollte zu 95 Prozent direkt nach Harare in Simbabwe weiter. Dazu brauchte sie aber ein Transitvisum für Mosambik – und das dauerte 24 Stunden. Eine unbotmäßige Verzögerung in einer Stadt, in der es praktisch keine Sehenswürdigkeit gab, die wert war, fotografiert zu werden.

Spätestens an diesem Abend wurde mir endgültig bewusst, welch ungeheuren Unterschied es macht, ob man zwölfmal einen Monat oder einmal zwölf Monate reist. Ich kroch in meinen Schlafsack und war sehr froh, der mit einmal zwölf sein zu können. Über mir flüsterte und lachte ein australisches Mädchen im Schlaf.

Um halb fünf Uhr früh klingelten, summten, piepsten drei Wecker im Abstand von wenigen Minuten. Der Bus nach Harare ging um halb sechs.

## Sean, der Alte und ich

Der Alte setzte sich manchmal auf seinen Hund.

Normalerweise war es zwar umgekehrt, aber es kam auch darauf an, wer von den beiden zuerst beim Lesefauteuil war.

Der Alte war 68, Amerikaner, schwul, hatte jahrelang die Welt bereist und lebte nun seit 25 Jahren in Simbabwe. Von dort war er mit einem VW Buggy nach Malawi gekommen, weil er hier Land kaufen wollte. Er hatte kein Dach für sein Auto und es regnete seit Tagen. Also saß er im Aufenthaltsraum der Herberge in Blantyre, neben oder auf seinem Hund, und las.

Er hatte lange weiße Haare, die immer zu einem Pferdeschwanz zusammengebunden waren, eine wuchernde Knollennase, einen wild gezausten Bart. Er trug eine orangefarbene Hose und ein hellblau-weiß-gelbes Sweatshirt, beides ungeheuer dreckig. Seine knorrigen Zehen ragten aus gelb-roten Gummischlapfen. Und er war fett. Alles in allem eine in ihrer Kompromisslosigkeit beeindruckende Erscheinung.

Ich mochte ihn gleich.

An meinem dritten Tag in der Herberge waren nur noch Sean und der Alte länger da als ich.

»Diamanten«, stieß Sean einmal hervor, die blauen Augen weit aufgerissen, »ich weiß genau, wo sie liegen, in Namibia, Simbabwe. Ev-er-y-thing!« Er habe nur leider kein Geld für die Schürflizenz.

Vorher hatte er mir erzählt, dass er bis 35, also in sieben Jahren, Millionär sein wolle, und ich hatte gefragt, wie.

»Außerdem«, fuhr er fort, »kann man durch so ein Geschäft jede Menge Geld pumpen«, seine Faust fuhr mir dreimal entgegen, »und es so waschen, du verstehst?«

Ich verstand. Nach einer Weile fragte ich: »In Dollar oder Rand?«

Er lächelte sanft: »Egal. Eine Million ist sowieso nicht genug.«

Sean war Südafrikaner, aber in Namibia aufgewachsen. Er behauptete, schon mit 13 immer in die Transkei und nach Lesotho gefahren zu sein, um dort Marihuana für seine Schulkollegen zu besorgen. Er behauptete, in seinem Leben schon 23 verschiedene Jobs gehabt zu haben. Und das Geld, das er durch seine Diamantensuchfirma zu schleusen gedachte, sollte auch aus dem Handel mit verbotenen Gräsern kommen.

Man konnte Sean nicht alles glauben. Es mag sein, dass es damit zusammenhing, dass er immer schon zum Frühstück den ersten Joint rauchte. Wenn es von irgendwoher verdächtig roch, wusste man, Sean war aufgestanden.

»No drugs!« stand eindringlich auf mehreren Schildern in der Herberge. Aber für Sean galt das nicht. Er durfte das, denn wirklich jeder schien ihn zu mögen. Ich habe kaum jemals einen Menschen erlebt, der zu allen anderen so ungemein nett war. Er verstand sich mit vierschrötigen südafrikanischen Arbeitern, weißen rassistischen Hinterwäldlern, die in Malawi eine Straße bauten, genauso wie mit zehenberingten Mädchen in weiten indischen Röcken.

Und ich habe nie gegen jemanden lieber beim Billard verloren.

»Ich verstehe nicht, warum sich junge Menschen solche Musik anhören«, sagte der Alte, sah von seinem Buch auf und über den Rand der Halbbrille mich an. Der Kassettenrekorder an der Bar dröhnte *Run to you* von Bryan Adams.

»Warum nicht Bach? Warum nicht Beethoven? Nach denen hat es doch nichts Neues mehr gegeben.« Er sprach lupenreines britisches Englisch, kein amerikanisches. Sehr gewählt.

»Sogar bei Pornofilmen«, sagte er dann, »ich habe nämlich eine große Sammlung, sogar da hört man als Hintergrundmusik nur dieses Gestampfe.« Er war ehrlich empört.

Er hatte mir vorher schon erzählt, dass er in den »wilden Fünfzigern« zum »Sex-Maniac« geworden sei, als es zu seinem Glück noch kein Aids gegeben habe. Er habe damals auch einen guten Job gehabt und viel Geld verdient, aber er sei »eine Kerze, die an beiden Enden brannte« gewesen. Also habe er die USA verlassen und sei lange gereist. Er schwärmte von Sibirien, Syrien, dem rosa Marmor einer bestimmten Moschee im Süden Algeriens.

Bei unserem ersten Gespräch hatte er gesagt, er habe auch »ein bisschen Film gemacht«. Jetzt erfuhr ich Näheres. Er war auf seinen Reisen in Fes, Marokko, auf eine Filmproduktion gestoßen. Und er gab dann einen Tuareg, der auf einem Kamel durchs Bild reitet. Einmal.

Ich fragte ihn, ob er nach Amerika zurück wolle. Er lächelte. »Ich bin alt und schwul. Dort ist kein Platz für mich.«

Der Alte trug jetzt zum ersten Mal keinen Pony, sondern zwei geflochtene Zöpfe, wie Pippi Langstrumpf. Er hatte nämlich duschen wollen, offenbar nach längerer Zeit wieder einmal. Er hatte ausgiebig sein Haar gekämmt, frische Kleider vorbereitet. Bald war er zurück.

»That's the end of the story«, brummte er. »Das Wasser ist kalt.«

Aber da er schon einmal angefangen hatte, zog er sich tatsächlich um und flocht die Zöpfe. Ein junger Italiener, der täglich in die Herberge kam, um dort Billard zu spielen und viel mit seinem Handy zu telefonieren, ging vorbei und rief: »Hey, du siehst aus wie Willie Nelson.« Der Alte blickte auf, schmerzerfüllt fast, und schnaubte dann verächtlich: »Willie Nelson. Lieber wäre ich tot.«

Von irgendwoher hörte ich Sean. »Die letzten zwei Monate habe ich praktisch nur meditiert und schöne Landschaften betrachtet. Feel the vibes, you know.«

An meinem dritten Tag in Blantyre waren nur noch Sean und der Alte länger da als ich.

## Von Läusen und Menschen

»Was ist da drin?«, fragte ich den Buben, der einen dreieckigen Teigzipf beim Fenster des Busses hereinhielt.

»Lice«, sagte er.

An Läuse konnte ich nicht glauben, also kaufte ich. Es war Reis (Rice).

Ein anderer pries »Mice« (Mäuse) an.

Der meinte es so. Es waren fünf, an einem Spießchen gebraten.

Es war längst dunkel, als ich in Nkhata Bay ankam. Der kleine Ort lag direkt am riesigen Malawi-See, der beinahe das ganze Land durchzieht. Nachdem ich ein Hotel gefunden hatte, ging ich essen. Der Kellner war ein schüchterner junger Mann namens Edson. Ich fragte ihn nach einer Bar.

»Das ›Check-In‹«, sagte er, »der beste Platz in der Stadt. (Welche Stadt?) Wir können uns dort treffen, ich gehe auch hin, wenn ich zusperre.«

Das »Check-In« war ein kleines Haus mit nur einem Raum. Die Wände waren rot, blau und grün gestrichen, der Barmann (und DJ) hantierte hinter einem mächtigen Holzgitter. Es waren vielleicht zehn Gäste da, lokale Jugend. Ich setzte mich in den kleinen Vorgarten und wartete auf Edson.

Nach einiger Zeit kam ein Mann an meinen Tisch, hieß mich in Nkhata Bay willkommen und setzte sich zu mir. Uns gingen bald die

Gesprächsthemen aus und wir landeten beim Wetter. In Blantyre habe es die letzten Tage hindurch geregnet, sagte ich.

»Oh, hier auch«, antwortete er, »es war furchtbar, die ganze Zeit nur Legen, Legen, Legen.« (Lain, Lain, Lain.)

Dann ging er bald, weil es ihm vermutlich zu blöd war, übers Wetter zu reden.

Edson kam, aber auch zwischen uns beiden verlief die Unterhaltung schleppend. Ich beobachtete also ein Mädchen, das im Lokal tanzte, der DJ hatte die ganze Zeit über nur afrikanische Musik gespielt. Das Mädchen war vielleicht 16, hoch aufgeschossen und dürr, trug ein graues Sweatshirt, dessen Kapuze es tief in die Stirn gezogen hatte, einen schmutzigen, verbeulten Rock und Gummischlapfen.

Sie hätte sämtliche Go-Go-Tänzerinnen, die bei uns schicke Raves aufpeppen, in Grund und Boden getanzt.

Und sie käme in keines dieser Raves jemals rein.

Ich erklärte Edson, wie wunderbar es sei, dass hier afrikanische Musik gespielt werde. Bei ihm im Restaurant waren eine Stunde die Beatles gelaufen. Ich hielt eine Brandrede gegen westliche Musik und beschwor ihn, er müsse etwas zur Rettung seiner Kultur beitragen. Ich weiß auch nicht, irgendwie ist es mit mir durchgegangen.

Kaum war ich fertig, wechselte die Musik. Irgendein billiger Dancefloor-Mist. Die Tänzerin bewegte sich zu ihm genauso schön.

Ich Idiot. Der Weiße kommt nach Afrika und will ihnen hier erklären, was sie sich anhören dürfen.

Edson stand auf und verschwand im Lokal. Eine halbe Minute später brach die Musik abrupt ab und es folgte wieder afrikanische.

Die Tür zur Straße flog auf und ein junger Mann torkelte herein. Er sah mich, grinste und rief: »Mzungu!« – »Weißer« auf Chichewa, der Sprache Malawis. Das Wort bedeutet auch »Reicher Mann«.

»Viele Mzungus kommen heutzutage nach Nkhata Bay.«

Die Augen des Burschen waren nur Schlitze. Er war sturzbetrunken.

»Gut. Ihr sollt reisen – aber nur, wenn wir Schwarzen auch reisen können. Ich will auch in dein Land, warum kann ich das nicht?«

Er war betrunken, aber er hatte natürlich recht. Also ging ich darauf ein. Ich sagte, dass ich seiner Meinung sei und dass der Reichtum der Ersten Welt nicht zuletzt auf der Armut der Dritten beruhe. Und ich fragte, ob er jetzt wolle, dass ich aus seinem Land verschwinde.

Natürlich nicht, meinte er. Aber er mache sich auch Sorgen um Nkhata Bay. Der Ort habe sich in den letzten Jahren ziemlich verändert. »Manche sehen die Mzungus und sehen Geld. Geld, das sie nie haben werden. Und das macht sie verrückt.« Es hatte erst kürzlich einige brutale Raubüberfälle gegeben, ich war schon von Edson gewarnt worden.

Wir diskutierten noch eine Weile und tauschten dann unsere Namen aus. Ich verstand seinen nicht gut.

»Aaron?«, wiederholte ich fragend.

»Arrrran!« sagte er, diesmal überdeutlich, mit einem lang gezogenen, trommelnden »R«.

Arran lud mich ein, mit zu ihm nach Hause zu kommen, er habe da nämlich noch eine Flasche »Malawi-Gin« (ein süßer Schnaps, der mit Gin wenig gemein hat). Er hatte ein winziges Zimmer im »Fumbani Rest House«, das seinem Vater gehörte. Das Bett füllte die Hälfte des Raumes. Ein Stoß uralter Zeitschriften lag daneben und *»Hommage to Catalonia«*, George Orwells Erinnerungen an den spanischen Bürgerkrieg. Am Fenster hingen ein grauer Anzug, ein Hemd und eine Krawatte. Arran fischte ein gelbes Blatt Papier aus dem Zeitungsstapel.

»Von meinem Freund in Japan. Er ist der einzige Mzungu, dem ich traue. Der Einzige, der mir schreibt.«

Der Brief war über ein Jahr alt. An der Schrift war zu erkennen, dass sich der Schreiber sehr geplagt hatte. Der Brief bestand auch nur aus wenigen Sätzen. In Japan sei es gerade sehr heiß. Er, der Schreiber, habe im Moment sehr viel zu tun, aber er hoffe, bald einen längeren Brief schreiben zu können. Die Anrede lautete: »Dear Mister Allan!«

Höhö, dachte ich, eh klar, ein Japaner kann natürlich auch kein »R«.

Dass ich in diesem Punkt irrte, erfuhr ich ein paar Tage später, als mir mein neuer Freund sein Schulabschlusszeugnis zeigte.

Sein Name war tatsächlich Allan.

## Van Damme und Shakespeare

Als Allan American Mkorongo in meinem Bett schlief, kannte ich ihn gerade 24 Stunden.

Ich hatte ihn an meinem ersten Abend in Nkhata Bay kennengelernt und den ganzen nächsten Tag mit ihm verbracht. Jetzt saß ich auf der Veranda des »Heart Motels«, der angenehmsten Ruine, in der ich jemals abgestiegen bin, und hörte Allan aus meinem Einzelzimmer schnarchen. Es war ¾ 4 Uhr früh.

Allan wohnte eigentlich im Guesthouse seines Vaters. Aber es war Samstag und Papa hatte das Zimmer vermietet, wenn schon mal viele Gäste da waren. Allan hätte im ehemaligen Stall schlafen sollen. Das war eindeutig unter seiner Würde, also zog er zu mir. Er fragte mich nicht. Er beschloss es. Schließlich war ich sein Freund. Er hatte mich bereitwillig in sein Leben gelassen. Jetzt war ich dran.

Allan war 21 und Lehrer. So eine Art. Er unterrichtete nicht, sondern arbeitete nur Prüfungsfragen aus. Damit verdiente er umgerechnet etwa 35 Euro im Monat. Die setzte er in Bier um.

»Trinkst du immer so viel?«, fragte ich ihn, als unser Stadtrundgang nach etwa 300 Metern die erste Unterbrechung erfuhr. Die Mittagssonne glühte und Allan trank sein erstes Bier. Auch am Vorabend war er völlig betrunken gewesen.

»Nicht immer«, sagte er, »nur am Wochenende. Von Freitagabend bis Sonntagabend bin ich voll.« Unter den jungen Burschen Nkhata Bays war das die Regel.

Wir saßen auf den Stufen des »Ujembe Videostores«. In Malawi gibt es kein Fernsehen. Zwei Videostores ersetzten in Nkhata Bay Fernsehen und Kino.

»Welche Filme seht ihr da?«, fragte ich.

»Oh, gute. Meistens Karate. Jean-Claude van Damme und Jackie Chan.« Wie in Südamerika auch. Van Damme ist der Superheld der Dritten Welt.

»Wieso gefällt dir das?«

Allan nippte an seinem Bier und schaute mit gerunzelter Stirn in die Ferne. »Ein Mann muss kämpfen können. Kannst du Karate?«

»Schau ich aus wie van Damme?«

Allan überlegte kurz und sagte dann: »Ja.«

Von einer Anhöhe aus konnte man weit über den Malawi-See schauen. Riesige schwarze Rauchfontänen stiegen auf, über den ganzen Horizont ausgebreitet.

»Seefliegen«, sagte Allan, »sie schlüpfen da draußen. Wir essen sie«, er drehte sich zu mir und grinste breit, als erwartete er eine Ekelreaktion des zartbesaiteten Weißen. Als sie nicht kam, fuhr er fort: »Wir essen Mäuse auch.«

»Ich weiß«, antwortete ich, »hab schon welche gesehen. Wie schmecken die?«

»Gut. Wie Huhn. Aber es ist nicht viel dran.« (Nein, sie werden nicht ausgenommen. Auch nicht abgezogen.)

Seefliegen und Mäuse erinnerten Allan daran, dass er Hunger hatte. Wir gingen zu ihm nach Hause, aßen Fisch, Reis und Gemüse, mit den Händen, aus demselben Teller.

»Wenn du die Wahl hättest, welchen Beruf hättest du gerne?«, fragte ich.

Er wusste es sofort. »Ich möchte eine Bibliothek haben.« Er war wirklich immer für eine Überraschung gut.

»Ein kleines Haus, hier in Nkhata Bay, tausend Bücher, mehr müssten es gar nicht sein. Die Leute kämen zu mir und könnten sich für zwei Stunden entspannen und lesen. Ich weiß nur nicht, wo ich die Bücher herbekommen soll.«

»Was liest du denn gerne?«, fragte ich.

»Shakespeare«, sagte er. »*Macbeth* ist mein Lieblingsbuch.«

Shakespeare. Und van Damme.

Der Abend verlief im Wesentlichen wie der erste. Allan ließ sich volllaufen, handelte mit einem Mädchen Details eines zu vollziehenden Beischlafs aus – aber für mich. Es war ihm völlig unverständlich, dass ich ihn fragte, ob er spinne.

Schließlich schlief er in einer Bar ein, den Arm um meine Schulter gelegt. Ich schleppte ihn nach Hause, legte ihn in mein Bett, bereitete noch meinen Schlafsack am Boden vor und setzte mich auf die Veranda.

Nach einiger Zeit hörte ich aus einem der beiden Zimmer Bauschgeräusche von Schlafsäcken. Das Bauschen nahm zu, bald folgte Stöhnen und kaum unterdrücktes Grunzen. Kein Zweifel darüber, was da im Gange war.

Ich wusste, dass in diesem Zimmer Michelle schlief, eine Neuseeländerin, die ihr blondes Haar stets zu einem scheinbar unauflösbaren Zopf gezurrt hatte. Bevor sie nach Afrika gekommen war, hatte sie an einer katholischen Schule in London Religion unterrichtet. Sie reiste mit einem Amerikaner, der gerade sein Jusstudium in Harvard beendet hatte und genauso aussah. Aber da die Geräuschkulisse durchaus beeindruckend war, leistete ich beiden sofort stille Abbitte. Außerdem mussten sie mich gehört haben, sie wussten also, dass ich da war.

Die Stille kehrte abrupt wieder, man konnte also einen glücklichen Ausgang annehmen.

Aber kaum fünf Minuten später schlug das zweite Zimmer, das an die Veranda grenzte, zurück. Zuerst mit einem leicht schüchternen »Huhuhuhuhu«, dann bald frech kichernd und jauchzend.

Als die Situation immer mehr außer Kontrolle geriet, zeigte sich mit einem Mal Zimmer Nummer 1 neu motiviert. Michelle ließ ein gepresstes »Aaaaaah« vernehmen und dann schmiss sie (oder er) irgendwas polternd vom Nachtkastl.

Afrika bringt wirklich das Beste in den Menschen hervor.

Es war gut, Ohrenzeuge dieses Geschehens zu werden. Vielleicht würde ich etwas zu meiner Verteidigung brauchen, wenn ich am nächsten Morgen mit einem gut gebauten Schwarzen aus meinem Einzelzimmer kommen würde.

Das interessanteste Detail dieser Nacht wurde mir aber erst am nächsten Tag bewusst.

Michelle schlief in einem Dreibettzimmer.

Mit zwei Männern.

## Mann über Bord

Sie war mindestens 20 Meter hinter mir. Es war einer jener Siege, für die die Bezeichnung »glorreich« nicht einmal annähernd ausreicht.

Sie war aus Schweden und hatte Arme und Beine wie Strohhalme. Ihr habe ich es zu verdanken, dass ich beim Schwimmtest am Beginn meines Tauchkurses im Malawi-See nicht Letzter wurde.

Ich war so langsam, dass ich jede Menge Zeit hatte, den geschmeidigen Stil eines meiner Bezwinger, dieses offenbar aus *»Baywatch«* entsprungenen Südafrikaners, dieser männlichen Pamela Anderson, zu bewundern, der ohne jede Anstrengung an mir vorbeizog, als schwämme ich rückwärts. Und ich war nachher so erschöpft, dass ich beinahe nicht ins Boot zurückgekommen wäre. Als ich meinen Brustkasten gerade noch so irgendwie über die Kante quetschte, machte eine Rippe ein unerfreuliches Geräusch.

Am nächsten Morgen musste ich mich aus dem Bett rollen, weil ich mich nicht aufsetzen konnte. Und husten, ohne dabei zu weinen, konnte ich nur, wenn ich die Arme vor der Brust verschränkte und fest drückte. Ich hatte gerade einen schlimmen Husten, war also ideal gerüstet für die ersten Tauchgänge meines Lebens.

Im Malawi-See kann man sich übrigens auch Bilharziose holen, eine ziemlich ekelhafte Krankheit. Kleine Würmer bohren sich durch die Haut, setzen sich anschließend in Blase oder Darm fest und dann ... Na egal. Ich hab ja noch nicht Bilharziose. Dauert ein paar Wochen, nach Hautdurchbohrung.

In den ersten beiden Tagen lernten wir die 17 verschiedenen Arten, beim Tauchen eines grässlichen Todes zu sterben. Berstende Lungen, Tiefenräusche, die einem so gefallen, dass man gleich unten bleibt, simples Ersticken, diverse Meeresmonster.

Jemand fragte Gary, den Lehrer, wie das mit den explodierenden Zähnen sei. Nun, meinte Gary, erstens sterbe man an explodierenden Zähnen nicht – und zweitens habe er in seiner langen Karriere erst einmal davon gehört, dass durch den Druckwechsel ein schlampig plombierter Zahn zu TNT wurde.

Es sei jedenfalls, angesichts all dieser schrecklichen Gefahren, eminent wichtig, dass man sich auf seinen Tauchpartner, den »Buddy«, hundertprozentig verlassen könne. Da die meisten Tauchnovizen Pärchen waren, hatte ich nicht groß die Wahl. Ein rotblonder Deutscher, Carlo von ..., den Rest habe ich vergessen, fiel als Buddy für mich ab. Wir beide waren so was wie der Restmüll.

Er hatte einen Walross-Schnauzer, sprach schlecht Englisch, was dazu führte, dass er meistens gar nicht verstand, wie er mich zu retten hätte, und streute, wenn er von seiner bisherigen Reise erzählte, gerne Aphorismen wie »Ja, ja, alles, was im Leben Spaß macht, kostet Geld« ein. Diesem Mann musste ich mein Leben anvertrauen.

Und nicht genug damit, ich musste ihm unter Wasser einige Male meinen Lungenautomaten unter den Schnurrbart stecken.

Wenn ich nicht Bilharziose kriegen sollte, stimmt mit dem Gesetz der Serie irgendwas nicht. Oder vielleicht verlässt mich dann stattdessen meine Freundin oder so. Also her mit den Würmern.

Neben dem Tauchkurs schritt meine Eingliederung in die Dorfgemeinschaft Nkhata Bays dank Allan Mkorongo weiter fort.

Im Haus seiner Familie lernte ich eines Tages einen Mann um die 50 kennen, von dem mir niemand sagte, wer er war. Ich meine, natürlich stellte er sich vor und er erzählte, dass er eine Firma habe, die sich mit Schädlingsbekämpfung beschäftige, vor allem mit der Vertilgung eines bestimmten Tabakwurmes. (Malawi ist ein ungeheuer fruchtbares Land. Der größte Teil der Anbaufläche wird allerdings für Tabak-Monokulturen genutzt. Das war, wie so gut wie alle idiotischen Ideen, eine der englischen Kolonialherren.)

Der Mann war ausgesprochen korrekt gekleidet, dunkler Anzug, blütenweißes Hemd, Krawatte. Und er lud mich zum Abendessen ein. Dass er nicht nur ein simpler Geschäftsmann war, erfuhr ich erst knapp vor diesem Essen.

Ich war zu früh dran und er wollte sich noch umziehen und in seinem Hotelzimmer die Radionachrichten hören. Er wartete auf eine ganz bestimmte Meldung, die eine lokale Wahl betraf.

»Sie müssen wissen, ich bin nämlich selbst Politiker«, sagte er.

»Oh, tatsächlich?«, sagte ich, an so etwas wie einen Gemeinderat denkend.

»Ich bin Vice-Governor der Provinz Mzuzu.« Provinz wäre bei uns Bundesland. Und Vice-Governor stellvertretender Landeshauptmann.

Ich sagte, wie geehrt ich mich fühlte, mit einem Vice-Governor zu Abend essen zu dürfen. Er war sichtlich geehrt, dass der weiße Journalist geehrt war. Wir hörten Nachrichten, und nach einer Weile sagte der Vice-Governor, er habe sich heute ein Arbeitshemd gekauft. Er zeigte es mir und zog sich dann ohne weitere Vorwarnung aus. Er hatte einen kleinen, prallrunden Bauch.

»Die Ärmel«, sagte er und zog an denselben des Arbeitshemdes, nachdem er es angezogen hatte, »meinen Sie nicht auch, dass die Ärmel zu kurz sind?«

»Ach, die Ärmel sind schon in Ordnung«, sagte ich.

Am Morgen nach dem letzten Tag des Tauchkurses, nachdem ich mir mein Diplom trotz aller körperlichen und sonstigen Unzulänglichkeiten erkämpft hatte, fuhr ich mit der Zahnbürste rechts oben irgendwie ins Leere. Von einem Stockzahn war nur noch die Hälfte da.

## Alle meine Kinder

An dem Tag, an dem sich Stephen den Zahn ausschlug, schlief ich nicht gut. Stephen war in dem Alter, in dem man gerade die Milchzähne verliert. Ich kann mich nicht erinnern, wie alt man da genau ist. Er war eines der vielleicht 20 Kinder, klein bis sehr klein, die den ganzen Tag vor dem »Heart Motel« in Nkhata Bay Sturm liefen. Er hatte vor meinen Augen versucht, waagrecht in der Luft liegend einen anderen Buben mit einem Fußkick in Kopfhöhe zu erschrecken.

Das Manöver misslang doppelt. Der Angesprungene schaute nicht einmal hin und Stephen kam mit dem Kinn zuerst wieder unten an.

Ob ein erster oder zweiter Zahn fehlte, konnte ich in diesem Moment nicht feststellen. Nach der Größe des Lochs zu schließen, jedenfalls einer, der vorher fest gesessen war. Stephen hatte sich außerdem tief in die Lippe gebissen, er brüllte und blutete fürchterlich.

Seine Mutter fragte mich, ob ich nicht etwas gegen seine Schmerzen hätte. Schmerztabletten, na klar hatte ich welche.

Bei den einen hatte mein Freund, der Arzt, dazugesagt: »Die nimmst du nur, wenn du dir ein Bein brichst oder mehr. Sag niemandem, dass du sie von mir hast. Und versteck sie vor jeder Zollkontrolle.«

Bei den anderen stand im Beipacktext: Nicht für Kinder unter zwölf Jahren geeignet. Und wenn ich ihm eine halbe gab? Verdammt. Sie hätten doch unseren Redaktionsapotheker wegschicken sollen.

Ich entschied mich schließlich für nein. Sie würden sicher irgendwelche Kräuter haben, die halfen.

Stephen wohnte im Nebenhaus. Er weinte die halbe Nacht.

Am nächsten Tag ging ich hustend durch die kleine Siedlung, in der das »Heart« lag. An einem Bananenbaum lehnte Moses, cool wie immer, mit verkehrt aufgesetzter Baseballkappe. Moses war 14, und wenn er wollte, ging er in die Schule. Wenn er mit mir in die Stadt schlenderte, hielt er immer meine Hand.

»Hey, brother!«, rief er und hob die Hand zu seinem Spezialgruß. Dabei bog er Mittel- und Ringfinger ab, Zeige- und kleiner Finger blieben ausgestreckt. »Du hustest wie ein alter Mann.«

»Schau mich an«, antwortete ich, »seh ich nicht alt aus?«

Er grinste. »Nicht alt genug. Du solltest Megafluxazol nehmen. Das hilft am besten.«

Den Namen habe ich jetzt erfunden. Aber er war so ähnlich.

Jeden Tag vor Sonnenuntergang tobte ich eine Weile mit den ganz Kleinen herum. Was für Kinder! Ich warf sie in die Luft, ließ mich anspucken und anrotzen, wälzte mich im Dreck mit ihnen.

Am Abend nach seinem Sturz war Stephen wieder dabei.

Die meisten Kinder waren Abkömmlinge von Mister Philipp, dem Besitzer des »Heart«. Zu den weißen Gästen war er fast schon unterwürfig höflich. Aber dass er der Patriarch der ganzen Siedlung war, bewies er, wenn er nur mit Handbewegungen Befehle erteilte, die eiligst erfüllt wurden. Mister Philipp hatte schon allein 21 Kinder von acht Frauen. Und jede Menge andere Verwandte in seiner Nähe. Moses zum Beispiel war einer seiner Enkel.

Der interessanteste von Philipps Söhnen war Kennedy. Er war 14, wie Moses, aber noch viel cooler. Von Beruf war Kennedy Künstler und Geschäftsmann. Er verkaufte selbst gemalte Postkarten. Das taten andere Kinder auch in Nkhata Bay. Aber sie krakelten nur. Kennedy war praktisch der Erfinder der selbst gemalten Postkarte. Mit Sonnenuntergang oder Fischerboot oder Frau, die Holz am Kopf trägt. Er arbeitete mit dem Luxus von Wasserfarben und einem Pinsel, der gerade noch aus zwei Haaren zu bestehen schien. Er signierte seine Karten. Er war schnell. Und er war wirklich gut. Zumindest schien er für jemanden wie mich gut zu sein, dem schon die unvergessliche Sendereihe *Zeichnen, Malen, Formen* – ganz besonders Formen – zu hoch gewesen ist.

»Ich sage meinen Preis, du sagst deinen.«

So pflegte Kennedy Geschäftsgespräche zu beginnen.

»Und dann«, sein Mund ging wie ein Theatervorhang zu einem blitzenden Grinsen auf, »dann handeln wir!«

Je schwerer man es ihm machte, desto lieber war es ihm. Er riss schockiert die Augen auf, wenn man den Anfangspreis nannte, und dann legte er los. Wie er sich bei diesen schwierigen Motiven beinahe die Hände gebrochen hätte. Auf welch teuren und mühsamen Schleichwegen er sich das kartonierte Papier besorgen müsse. Dass er für ein dringendes Geschäft in Downtown gerade aber wirklich mehr Bares brauche, widrigenfalls man zu verantworten hätte, dass ihm die Chance seines Lebens durch die Lappen ginge. Kennedy war ungeheuer clever. Erwachsener als er konnte man kaum sein.

Ich spielte gegen ihn auch nur einmal Bao, das Brettspiel, das in Ostafrika an jeder Straßenecke gespielt wird. Es war erniedrigend.

Allerdings verlor ich eigentlich überhaupt gegen alle, gegen Ernest, den langsamsten Kellner aller Zeiten, George, den tansanischen Koch, der gerade wieder einmal Malaria hatte, den älteren John, der immer nur lachte. Nur den jüngeren John besiegte ich, aber der war auch sonst ein bisschen doof.

So verbrachte ich meine Tage in Nkhata Bay. Keine Abenteuer hier. Nur ein ungeheuer wärmender Haufen von skurrilen und endlos freundlichen Menschen.

Nur ein Zuhause.

Als ich mich von Allan verabschiedete, meinem besten Freund in Malawi, der mich vom ersten Moment an behandelt hatte, als sei ich sein lange verschollener Bruder, sagte er: »Jetzt bin ich wieder allein.«

# MALAWI – TANSANIA

## Kleine Fische

Der erste Tag begann damit, dass ich in die Fische fiel.

Der Bus, in dem ich Nkhata Bay verließ, war auch über afrikanische Gebühr voll. Ich stand ganz vorne. Hinter der Windschutzscheibe, auf diesem Sims oder wie man da sagt, lagen Hunderte kleine Fische, wohl zum Trocknen, da die Abwärme des Motors hier ziemlich ungehindert hereinstank.

Der Busfahrer schaltete beim Abfahren sehr zügig von eins auf zwei.

Jemand gab mir einen Stoß.

Die Opferbilanz unter den Fischen war gewaltig. Der Busfahrer starrte mich mit bösen Augen an. Einige Fische starrten mich mit blutigen Augen an. Andere Fische starrten mich nicht an, weil sie keine Augen mehr hatten. Ich hatte da einen Verdacht, wo die sein könnten.

Acht Stunden bis zum nächsten Wasserhahn.

Und drei Tage bis Dar es Salaam, der Hauptstadt Tansanias. Der erste war schon fast überstanden, als mich Nelson ansprach, ein junger Mann, der ganz in Schwarz gekleidet war. Nur seine Haube war – ja was? Sagen wir Meeresgrün. Er bleibe über Nacht auch in Karonga, der letzten Stadt vor der Grenze, meinte Nelson. Er könne mir helfen, ein Zimmer zu finden.

Die meisten Guesthouses waren voll. Ohne Nelson hätte ich möglicherweise auf der Straße übernachtet. Endlich ergatterten wir doch noch zwei Zimmer. Nelson verzichtete generös auf das mit der Glühbirne. Meines war gleich neben dem Plumpsklo.

Es gab einen Wasserhahn. Aber kein Wasser.

Wir gingen abendessen. Zur Auswahl stand Fisch. Nelson erzählte, dass er im Import-Export-Geschäft tätig sei. Gerade habe er eine Menge Zucker aus Mosambik besorgt. Am Zoll vorbei. Er sei sehr interessiert an Geschäftsverbindungen nach Australien, sagte er. Mit Austria war ich auch bei ihm nicht sehr erfolgreich gewesen.

»Ich schicke dir die Ware«, sagte er, »und du verkaufst sie.«

Ich sei leider alles andere als ein Geschäftsmann, wandte ich ein. Das überging er. In Afrika ist jeder Geschäftsmann, irgendwie. Was muss man dazu schon groß können?

»In Malawi ist alles sehr billig und ich kann alles besorgen, verstehst du?«, sagte er nachdrücklich. »Wirklich alles! Eine Tonne, wenn du willst, schon morgen.«

Ich hatte seit drei Wochen nicht mehr die Gelegenheit gehabt, in einen Spiegel zu schauen. In Nkhata Bay hatte ich mich in dieser Zeit zweimal rasiert und mich einmal davon in einer zersprungenen Fensterscheibe gesehen (das zweite Mal stand die Sonne nicht richtig).

Ich musste jedenfalls ziemlich bedenklich aussehen. Und ich roch ja auch so.

Der zweite Tag begann damit, dass ich in Wien anrief, um jemandem zum Geburtstag zu gratulieren, der sich nicht darüber freute. Nelson war in aller Früh mit mir zur Post gegangen – weil er noch meine Adresse haben wollte, wie sich herausstellte.

Ich sah 18 schwitzende österreichische Postler vor mir. »Mir hätten do a Packerl für Ihna.« Im Stiegenhaus stünde ein Container, aus dem es nach großen Schwierigkeiten röche.

Ich gab Nelson also das, was er haben wollte. Eine Adresse in Australien. Und da ich als »Nick« reise, weil meinen Vornamen kaum jemand aussprechen kann, wählte ich in der Geschwindigkeit den Familiennamen »Leeson«. Dem kann's ja schon wurscht sein.

Von Karonga zur tansanischen Grenze waren es noch etwa 30 Kilometer. Der Land Rover, der als Bus dorthin fungierte, war natürlich voll. Ich kletterte also aufs Dach, brach dabei den Blinker hinten links ab, saß auf und zwischen sehr vielen großen Schachteln mit Zündhölzern drin (Marke »Lion«, Made in Malawi) und der Dachträger hing an weniger noch vorhandenen Schrauben, als meinen Nerven in Kurven guttat.

Der malawische Grenzbeamte stellte fest, dass ich mein Visum um fünf Tage überzogen hatte.

»Was machen wir da?«, fragte er und sah mich sehr besorgt an.

Arbeitslager, wie wär's mit Arbeitslager?

»Ich reise jetzt sowieso aus. Geben Sie mir einfach den Stempel.«

Seine Besorgnis wich Bekümmerung. »Ich würde das ja tun. Aber wenn die oben das sehen«, er winkte mit meiner Immigration Card, die ich bei der Einreise ausgefüllt und jetzt wieder abgegeben hatte, »bei drei Tagen würden sie ja nichts sagen. Aber fünf! Das ist eine ernste Sache.«

Na, was denn. Ein Visum in Malawi verlängern zu lassen, ist ein bisschen schwieriger, als ein Cola zu kaufen. Aber langsam begriff ich, worauf das hinauslief. Und ich wollte nicht ein paar Stunden hier verbringen.

»Also gut«, sagte ich, und mein Ton wurde beamtenbeleidigend, »haben Sie vielleicht eine Idee?«

Er riss meine Immigration Card einen Zentimeter weit ein. Dann sagte er: »Ich bin sehr durstig.«

Nach der ersten Beamtenbestechung meines Lebens brach der Bus, den ich auf der anderen Seite der Grenze bestieg, zusammen. Ich kam spät nach Mbeya, der ersten nennenswerten Stadt in Tansania. In meinem Guesthouse ging ich zuerst einmal in die Bar. Dort lief ein Videofilm.

Jean Claude van Damme findet in Hongkong seinen Zwillingsbruder, von dem er nichts wusste. Anschließend hauen van Damme und van Damme gemeinsam alles kurz und klein. Ich hatte diesen Film schon zweieinhalb Monate zuvor gesehen, in einem Bus von Asunción, Paraguay, nach Foz do Iguaçu, Brasilien.

Die Welt ist klein.

Am dritten Tag passierte eigentlich nichts.

## TANSANIA

### Dunkle Geschäfte

Die vielen tausend Menschen, die mich bereits angerufen haben, weil sie wissen wollen, wie es mir geht, stellen natürlich mitunter dieselben Fragen.

Wie spät ist es jetzt bei Ihnen?

Was essen Sie so?

Haben Sie nie Durchfall?

Wie geht es Ihrem Sexualleben?

Wie machen Sie das mit dem Geld?

(0 Uhr 34. Alles. Nur Verstopfung. Heute kriegt es einen Kranz. Weiterlesen.)

In Dar es Salaam stand ich vor der Aufgabe, eine Währung besorgen zu müssen, die wenigstens einen vertrauten Namen hatte: Shilling. Allerdings bekam ich auf meine Kreditkarten, wie schon in Malawi und Mosambik, kein Bares – so mach' ich es normalerweise mit dem Geld –, sondern nur strafende Blicke.

Also musste ich auf meine Dollar- und Traveller-Scheck-Reserven zurückgreifen, die schon etwas ausgedünnt waren. Und ich hatte noch genau 370 südafrikanische Rand (65 Euro), die ich dringend loswerden wollte.

Dar ist groß, grau und hässlich. Es war mein erster Tag in der Stadt, ich kannte mich also noch nicht aus. Ich hatte sehr viel zu erledigen, abgesehen von den Geldgeschäften. Jede Bank und jede Wechselstube bot einen anderen Kurs für Dollar. Wenn man nicht mehr allzu viele Dollar hat, will man den besten Kurs. Aber erst einmal finden. Ich rannte also kreuz und quer. Niemand wollte meine Rand. Nach einigen aufreibenden Stunden stand ich vor einer Wechselstube, zu der mich ein Bankbeamter geschickt hatte, der überglücklich war, mich loszuwerden. Die nahmen tatsächlich Rand hier. Nur zu einem Kurs, der jedem Raubritter zur Ehre gereicht hätte.

»Change?«, hörte ich, von ganz weit unten.

Ein sehr kleiner Mann blinzelte mich an. »Come, come!«

Am Schwarzmarkt zu wechseln ist überall verboten. Aber mitunter sehr nützlich. Bis jetzt hatte ich mit solchen Straßendeals immer ein gutes Geschäft gemacht. Ich ging also mit.

Einige Schritte entfernt empfing mich ein anderer junger Mann, freudestrahlend.

»Dollar?«, fragte er.

»Rand«, sagte ich. »Wie viel?«

»120.«

Das war viel besser als der Kurs, den ich gesehen hatte. Ich solle warten, sagte der Mann, er müsse seinen Boss suchen gehen. Der Kleine blieb bei mir und bewachte mich lächelnd.

»Wie viel für Dollar?«, fragte ich.

»650.«

Das war zu gut. Da stimmte was nicht.

Der andere kam zurück. »Der Boss sagt, Rand sind oft gefälscht. Er will einen Schein sehen.«

Das war ja nun wirklich der blödeste Schmäh. »Freund«, sagte ich, »sag dem Boss, er soll sich einen anderen suchen. Ich jedenfalls gehe jetzt.«

Eine halbe Stunde später kam ich aus dem Postamt. Jemand tippte mir auf die Schulter. War er mir die ganze Zeit über gefolgt? »Wir wollten doch ein Geschäft miteinander machen?«, sagte er.

Er würde etwas Krummes versuchen, das war klar. Aber nicht mit mir, dem Erfahrensten aller Reisenden, ha!

»Ich will jetzt 130«, sagte ich.

»Gut, gut, lass uns gehen.«

»Wohin?«

»Nur da um die Ecke, da ist mein Boss.«

Tatsächlich. Der Boss trug verspiegelte Sonnenbrillen, offenes Hemd und viele Halsketten. Ein schlechter Film. Aber ich wollte meine Rand unbedingt zu so vielen Shilling wie möglich machen. Und ich wollte denen beweisen, dass sie vielleicht andere betrügen konnten – aber nicht mich. Die Straße war belebt. Über die Rübe würde ich hier keine kriegen.

Der Boss sprach kein Englisch. Er rechnete in seiner Handfläche 370 mal 130 aus und verschwand, um das Geld zu holen. Der andere erzählte in der Zwischenzeit, dass er gerne in Italien studieren möchte, sowie er genug Geld beisammen hätte.

Der Boss kam zurück, gab dem anderen einen braunen Umschlag und verschwand wieder. Der Student zählte das Geld und steckte es wieder in das Kuvert. Er wollte es zukleben.

»Lass es offen«, befahl ich im gefährlichsten Clint-Eastwood-Ton, den ich draufhabe.

Ich hatte ihm die ganze Zeit genau auf die Finger gesehen. Als der Moment des tatsächlichen Austauschs kam, wurde er hektisch.

»Polizei«, flüsterte er und zeigte mit seinen Augen über meine Schulter.

Ich drehte mich nicht um. Aber er hatte mich doch abgelenkt. Er ging sofort weg, nachdem er mein Geld und ich seinen Umschlag genommen hatte. Ich schaute ihm nach. In seiner Hose steckte ein braunes Kuvert.

Und meines war zugeklebt.

Er begann zu laufen, aber er hatte nicht viel Vorsprung. Ich rannte ihm sofort nach und brüllte immer wieder: »Stop that man!«

Und erstaunlicherweise holte ich ihn nach hundert Metern ein. Müssen die schnellsten gewesen sein, die ich jemals gelaufen bin.

Ich packte ihn und fauchte: »Gib mir mein Geld, Arschloch!«

Er rückte es sofort heraus. Und dann tat ich etwas, was ich seit 18 Jahren nicht mehr gemacht hatte. Ich haute ihm eine runter. Ich gebe zu, es tat gut. Ich werde möglicherweise nicht noch mal 18 Jahre warten. Er nahm die Ohrfeige hin, und als ich ihn losließ, rannte er davon.

Viele Leute, die durch mein Geschrei aufmerksam geworden waren, standen ringsum. Und hinter ihnen begann eine näherkommende Uniform langsam den Horizont zu füllen. Oje. Ein riesiger Polizist, mit der Statur eines Eisenbiegers. Jetzt noch eine Verhaftung wegen illegaler Geldgeschäfte, das wär's, dachte ich.

»Gibt's Probleme?«, dröhnte er.

»Öh, nein, Officer, alles in Ordnung.«

»Haben Sie Ihr Geld wieder?«

»Jaja, alles o.k.«

Nur weg hier. Ich verabschiedete mich hastig und ging. Ein Mann, der alles mit angesehen hatte, kam mir nach und sagte: »Take care, brother. Das ist Dar es Salaam.«

Ich nickte, dachte »Idiot«, und meinte nicht ihn damit.

## Ich Tarzan, du Aladin

Das Lokal hieß »Sansi-Bar« und ich lasse sie jetzt eine Weile im Ungewissen darüber, wo es war.

Es hatte einen Fernseher. In diesem lief *Tarzan in New York.*

Tarzan war eigentlich Tarzan jr., dem Alten und Jane ist da wirklich ein Junge gelungen, der wie ein Calvin-Klein-Unterhosenmodel aussieht. (Nur, damit sie verstehen können, wie solche Vergleiche zustande kommen: Als ich nach der passenden Schmähung für den Affenmenschen suchte, fiel mir ein, dass ich meine Calvin-Klein-Unterhose – war ein Geschenk – auf Sansibar weggeschmissen habe, weil – naja, das geht sie eigentlich nichts an. Sagen wir, sie machte mich leiden.)

Der Film ging irgendwie so: Cheetah (jr.?) wird von bösen Weißen nach New York verschleppt. Tarzan findet instinktiv den richtigen Flug aus seinem Dschungel nach New York (im Frachtraum), muss nicht einmal umsteigen oder so, fällt aber auf der Fifth Avenue im Lendenschurz irgendwie auf. Da trifft er aber eine Journalistin, die Calvin-Klein-Unterhosenmodels appetitlich findet, ihm einen Anzug verpasst und ihm hilft, Cheetah aus einem Tierversuchslabor zu befreien. Den Anzug schält sie ihm dann wieder von den Muskeln. Zum gegebenen Zeitpunkt.

So was ausgerechnet in Afrika zu sehen, hat einen besonderen Reiz. Die einheimischen Gäste lachten nur einmal, bei der Szene, wo Junior den Anzug kriegte. Aber ich hatte einen sehr vergnüglichen Abend.

Und am Heimweg verirrte ich mich natürlich wieder. Die »Sansi-Bar« war vielleicht 150 Meter von meinem Quartier entfernt. Ich besaß einen Stadtplan. Nützte alles nichts.

Erst als ich mir endlich gemerkt hatte, dass ich bei den rot-weiß-blauen Fähnchen, wo gegenüber die Gasse war, die abends immer unter Wasser stand, dass ich also dort rechts musste und dann dort, wo die vielen ausgedienten Metallbetten mit rostigen Sprungfedern nach mir griffen, links, schaffte ich es, mein Bett zu finden, ohne viele Kreise zu ziehen.

Stone Town, der alte Teil von Sansibar-Stadt, ist ein großartiges Labyrinth aus winzigen, verwinkelten Gässchen, die sich zwischen Häusern winden, die ihren Stolz haben, auch wenn sie bröckeln oder fast schon einzustürzen drohen. Stone Town verströmt eine Morbidität ähnlich der Venedigs: gefallene Größe, verschwundener Reichtum.

Lange vor den Briten kolonisierten Araber die Insel und machten sie zum mächtigsten Staat Ostafrikas. Der Sultan von Oman verlegte sogar eine Zeit lang seine Hauptstadt hierher, als er zu Hause Probleme hatte. Das Geld kam aus dem Handel mit den vielen Gewürzen, die auf der Insel wachsen, und aus dem mit Sklaven, die vom Festland verschleppt wurden.

Die Sansibarer von heute sind das fröhliche Ergebnis jahrhundertelanger Durchmischung von Arabern, Schwarzafrikanern und Indern. Alle Farbschattierungen sind vorhanden, und auch die Kultur hat von allem etwas. Es gibt Hindus, Christen, aber die große Mehrheit sind Moslems.

Nach einigen Tagen in Stone Town, in diesem faszinierend vielschichtigen Konglomerat verschiedener Traditionen und Philosophien, zwischen alten Männern mit langen Bärten und Kitteln, Frauen im Tschador, deren Füße verschwenderisch mit Henna bemalt waren, zwischen lauten Kindern, die immer wieder »Hello! Welcome to Zanzibar!« krähten, weil sie stolz waren, das schon auf Englisch zu können, verschwand der Kilimandscharo von meinem Horizont. Zu dem hatte ich eigentlich noch gewollt.

Aber ich gelangte zu der Erkenntnis: auch nur ein Berg. Und zu Hause habe ich Schnee am Autodach.

Sansibar würde meine letzte Station in Afrika sein.

Nun bin ich erstaunlicherweise nicht der Erste, der auf die Idee gekommen ist, eine tropische Insel mit dieser Kultur und den weißen

Sandstränden, die sich in Hochglanzkatalogen so gut machen, könnte ein lohnendes Reiseziel sein.

Sansibar ist gerade dabei, von der Tourismusindustrie überrollt und plattgewalzt zu werden. Sansibar wird schon wieder kolonisiert. Und seine Bewohner haben zwei Probleme, die verhindern, dass sie dem etwas entgegenzusetzen haben: Sie sind zu gastfreundlich. Und zu arm.

Im Norden und Osten der Insel, wo die schönsten Strände sind, gehört schon so gut wie alles Weißen. Italienern meist, die das Land um einen Spottpreis kaufen und dann mit Urlaubern das große Geld machen. Von dem Sansibar natürlich so gut wie nichts zu sehen bekommt.

In Stone Town werden die schönsten der alten Häuser zu Hotels oder Restaurants, bei deren Kreation sich vor allem ein Amerikaner namens Emerson hervortut. Ich schüttelte diesem Menschen einmal die Hand, bevor ich wusste, wer er war. Er produziert besten 1001-Nacht-Disneyland-Luxuskitsch. Exotik, ja – aber bitte so, wie wir sie uns vorstellen. Und von dem, was die nach Aladin Suchenden für ein Essen unter Baldachinen ablegen, lebt eine Sansibar-Familie locker einen Monat.

Sie kriegt es aber nicht.

Oh, und nicht zu vergessen die knackigen weißen Touristinnen, die in Bikinihöschen und mit überquellenden Dekolletés durch die Stadt schlendern, als hätten sie noch nie ein Wort über den Islam gehört. Davon stand wahrscheinlich nichts im Prospekt.

Ausbeutung und Ignoranz, das bekommen diese Menschen von uns. Und *Tarzan in New York*, als kulturelle Entwicklungshilfe.

Diese Geschichte ist irgendwie gekippt, fällt mir jetzt auf. Aber wo soll ich denn hin mit meiner Wut? Nächste Woche habe ich mich sicher wieder beruhigt.

## An der Seite des Präsidenten

Der Leibwächter des Präsidenten stand direkt neben mir. Ich saß zu seinen Füßen auf der Ehrentribüne, die ein Streifen verdorrten Grases war. Ich blickte an seinem Hosenbein hinauf und suchte seine Augen. Als er mich ansah, lächelte ich. Er schaute eilig wieder stahlhart in die Ferne, die Arme auf dem Rücken verschränkt.

Er war einer von den zehn Leibwächtern, die hier herumstanden, alle klein und schmächtig, keiner von ihnen trug eine Waffe. Sie hätten sicherlich problemlos jeden Dackel mannhaft davon abgehalten, die Radkappe der Präsidentenlimousine rostig zu pinkeln.

Parteiveranstaltungen bei uns sind öd. Manche miefen. Diese hier war wunderbar.

Es war ein wichtiger Tag für Sansibar. Die erste öffentliche Versammlung der Civic United Front seit den Wahlen vor einem Jahr. Die CUF ist die Oppositionspartei, der Präsident daher auch nicht wirklich Präsident. Seine Anhänger nennen ihn aber so, weil alles darauf hindeutet, dass er es nur wegen eines Wahlbetruges nicht ist. Und nicht, dass die CUF ein Jahr lang keine Kundgebung machen wollte. Sie durfte nicht, weil in Tansania die Regierungspartei so was genehmigen muss.

Bis zu diesen ersten freien Wahlen war Tansania marxistisch, die CCM hatte seit der Unabhängigkeit vor mehr als 30 Jahren regiert. Nun dürfte sie auf Sansibar – am Festland nicht – verloren haben. Sie gab mit einigen Tagen Verspätung ein Wahlergebnis bekannt, das sie als knappen Sieger zeigte. Seitdem tourt Seif Sharif Hamad, der verhinderte Präsident, durch die Welt und versucht, internationale Unterstützung für seine Partei zu gewinnen.

Die internationale Unterstützung bei dieser Versammlung war ich.

Ich wäre gern am Rand der Gesellschaft geblieben. Viele Leute werden bereitwilligst bestätigen, dass ich dort auch hingehöre. Aber ich schaffte es, in einer Menge von 10 000 Sansibarern gerade drei Minuten unentdeckt zu bleiben.

Ich weiß auch nicht, vielleicht, weil ich der Einzige mit Ray-Ban war.

Dann stürzte einer der Parteiaktivisten, die ich am Vorabend kennengelernt hatte, auf mich zu – und ich saß am Ehrengras.

Einige TV-Kameras waren da. Sie schwenkten unangenehm oft auf das Weißeste, das in Sicht war.

Den Kontakt zur CUF hatte Salim hergestellt, mein Pressebetreuer. Salim war einer der vielen »Mapapasi«, jener jungen Männer, die Touristen verfolgen und ihnen alles nur Erdenkliche zu weit überhöhten Preisen vermitteln wollen. Ich hatte ihn gleich an meinem ersten Tag in Sansibar kennengelernt.

Er war ein Schlitzohr, aber nicht völlig unehrlich. Bis zu einem gewissen Grad traute ich ihm. Und als er meinen Beruf herausfand, blühte er auf.

Am Tag vor dem CUF-Treffen fuhren wir stundenlang mit Fahrrädern durch die Stadt, ich hatte ihn gebeten, mir das Alltagsleben verständlicher zu machen. Er brachte mich dabei ständig in Interviewsituationen, die ich nicht haben wollte.

Er blieb bei Gruppen von Jugendlichen, die am Straßenrand herumlungerten, stehen, hielt eine großartige Einleitung auf Kisuaheli, woher ich käme, was ich sei und hier täte – und die krampften sich ein.

Ich konnte nicht einmal durch das offene Fenster einer Schule den Kindern Grimassen schneiden. Augenblicke später hatte ich keine Schuhe mehr an, saß beim Direktor und Salim sagte: »Alles geregelt. Du kannst jetzt deine Fragen stellen.«

Ich hatte aber gar keine.

Genauso kam ich zur CUF. Völlig ohne Vorwarnung.

Salim saß bei der Kundgebung neben mir und übersetzte rudimentär. Aber es war gar nicht so wichtig, zu verstehen, was genau gesagt wurde. Wichtig für mich war die Art, wie alles ablief.

Es war ein Fest mit Trommeln, Tanz und Gesängen. Die Musiker kamen von Pemba, der Nachbarinsel. Sie waren bald nicht mehr zu sehen in dem Gewühl von Frauen, die hingerannt waren, um mitzutanzen. Sie hoben ihren Tschador – der übrigens auf Sansibar kaum jemals schwarz ist, sondern überbordend afrikanisch bunt – und ließen durchaus einmal eine Wade blitzen. Sänger, die politische Lieder improvisierten, wurden von den Frauen mit 1000-Shilling-Scheinen beinahe zugeschüttet.

Der ernstere Teil wurde von einem Prediger am Rednerpult eingeleitet, der aber, während er seine Gebete sang, langsam die Stimme verlor. Er bemühte sich sehr, das Ganze würdig zu Ende zu bringen, aber er kiekste immer mehr, als hätte er Stimmbruch.

Zuerst war in der Menge nur vereinzelt Glucksen zu hören, aber bald brauste ein wahrer Lachstrom. Schließlich machte der Prediger eine wegwerfende Handbewegung und ging grinsend und begeistert beklatscht ab.

Sansibar ist islamisch und Allah hat hier Humor.

Nach einigen weniger wichtigen Rednern kam endlich Seif Sharif Hamad. Er wurde gefeiert wie ein Popstar.

Er war ein großer, voluminöser Mann und sprach mit der ganzen Sicherheit eines sich seines Charismas bewussten arabischen Patriarchen. Leidenschaftlich, gestenreich, immer wieder Giftpfeile auf den politischen Rivalen abschießend, das Publikum zu vielstimmigen Antworten auf seine rhetorischen Fragen anfeuernd. Er verlangte im Wesentlichen, binnen drei Monaten auf dem Präsidentensessel zu sitzen. Dann würde er innerhalb eines Jahres Neuwahlen ausschreiben.

Im staatlichen tansanischen Fernsehen, sagte Salim am nächsten Tag, sei hingegen gemeldet worden, Seif Sharif Hamad habe seine Anhänger zu Ruhe und Geduld bis zu den nächsten Wahlen im Jahr 1999 aufgerufen.

Als Salim und ich nach der Versammlung durch Stone Town nach Hause schlenderten, sagte er: »Ich glaube, ich bin ziemlich aufgefallen mit dir. Hoffentlich steht morgen nicht die Polizei vor meiner Tür.«

Er sagte es nicht ängstlich. Eher stolz.

## Rastaman Vibration

Es war zwei Uhr früh, als ich aufwachte.

»Toka«, schrie der Mann vor dem Haus, mit sich überschlagender Stimme. »Tokaaaaa!«

Er rannte in der Gasse auf und ab. Am Krachen seiner Schritte war zu hören, dass es ein schwerer Mann sein musste. Er röchelte, schnaubte, er raste vor Wut. »Toka!«

Ich hatte keine Ahnung, was dieses Wort bedeutete. Vielleicht ein

Name? Aber außer ihm war da niemand. Suchte er jemanden? Um diese Zeit und in diesem Zustand – eine Frau. Seine Tochter, genau. Und seine Ehre!

Dann splitterte Glas an der Tür.

An der Eingangstür des Hauses, in dem ich war.

Es war ein Privathaus in Sansibar-Stadt und die anderen beiden Zimmer, die für Touristen vorgesehen waren, standen leer. Saidi, der Eigentümer, schlief immer im Haus seiner Eltern.

Es splitterte also Glas an der Eingangstür des Hauses, in dem nur ich war.

Das war mir nicht recht.

Ich sprang auf, riss dabei ein Loch ins Moskitonetz und versperrte meine Zimmertür. Das würde mir wenigstens genug Zeit geben zu versichern, dass sie nicht bei mir war – und vielleicht noch einen Heiratsantrag nachzuschießen.

Er kam dann doch nicht rein. Und am Morgen sah ich, dass an der Eingangstür gar kein Glas war. Der Mann hatte nur eine Flasche an ihr zerschmettert.

»Saidi«, fragte ich meinen Beherberger, »was heißt Toka?«

»Geh weg«, sagte er verwundert.

Ich erzählte die Geschichte der letzten Nacht. Das gefiel ihm.

»Der Nachbar«, kicherte er, »er trinkt. Manchmal, wenn er spät nach Hause kommt, lässt ihn seine Frau nicht rein.« Er verzog das Gesicht. »Sie trinkt auch.«

Den ganzen restlichen Tag verbrachte Saidi damit, die Geschichte all seinen Freunden zu erzählen. So ähnlich verbrachte er alle Tage. Er saß vor dem Haus und tratschte. Am Nachmittag ging er Fußball spielen und schwimmen, und manchmal ging er in die Moschee. Die drei Zimmer machten nicht viel Arbeit, aber selbst für die hatte Saidi seinen Freund und Angestellten Bekari, den alle nur Baker nannten.

Saidi stammte aus einer offenbar wohlhabenden Araberfamilie, die ihre Wurzeln in Oman hatte. Und es gab einen Onkel in Dubai, den er oft erwähnte. Dubai war wichtig als Bezugspunkt für Unterhaltungselektronik. Wenn man günstig einen Videorekorder brauchte, war es gut, einen Mann in Dubai zu haben. Und Saidi war einer der wenigen Sansibarer, die über Videorekorder nachdenken konnten.

Fast jeden Morgen hielten Saidi und ich eine Deutsch-Kisuaheli-Austauschstunde. In einem dunklen Moment brachte ich ihm »Liebling« bei und »Ich liebe dich«. Das kam seinem Humor sehr entgegen. Auf der anderen Straßenseite war eine Schnitzerei. Einige junge Burschen werkten dort immer an Sesseln, Kästchen und Kommoden für Touristen.

Für den Rest meines Aufenthaltes grüßten sie mich nicht mehr mit »Djambo«, sondern mit einem triumphierenden »Libbling«. Und »Ick liebä dick« gehörte bald zum völlig normalen Straßenjargon.

Manchmal saß einer der Schnitzer mit am Frühstückstisch, eine 19-jährige Schönheit mit großen, müden Augen.

»Weißt du, wie es in Südafrika ist?«, fragte er einmal in schlechtem Englisch. »Ich möchte hin, arbeiten.«

»Ist deine Arbeit hier nicht gut?«

»Nein. Kein Geld. Nicht gut.«

»In Südafrika ist es auch nicht gut. Keine Arbeit. Bleib lieber hier«, sagte ich.

Er dachte nach und antwortete schließlich: »Irgendwann gehe ich.«

Meistens scharten sich die Schnitzer am Spätnachmittag auf der Terrasse um den wichtigsten Einrichtungsgegenstand des Hauses: den Kassettenrekorder.

Sowie Baker am Morgen eintraf, wurde Whitney Houston aus dem Käfig gelassen und weidete dann den Vormittag kahl.

Gegen Mittag übernahm Bob Marley. Egal, wo ich in Afrika gewesen bin, Bob Marley war überall. Aber Sansibar ist überhaupt ein jamaikanischer Außenposten. Reggae an jeder Ecke. Die meisten Mapapasi waren Rastas – manche mit Dreadlocks. Lange Dreads waren ein Zeichen, dass der Träger mit der Polizei ein leidlich gutes Auskommen hatte.

Mapapasi sind junge Männer, die im Touristengeschäft arbeiten. Ihnen in Zanzibar-Town zu entkommen, ist unmöglich. Mapapasi haben nichts selber, können aber alles vermitteln. Touren auf der Insel,

Touren auf andere Inseln, Transport vom Flughafen, alles zum Sonderpreis, Bruder, weil du mein Freund bist, Hotelzimmer, Mietautos, Bob-Marley-Zigaretten. So nannten die meisten von ihnen Marihuana, wenn sie ihre Angebotsliste heruntersagten.

Sie waren mitunter etwas anhänglich, aber immer nett und freundlich, weil eingeraucht. Sie rauchten aber nicht nur das, was ein Rasta halt so raucht.

»Brown Sugar?«, flüsterte mir manchmal jemand auf der Straße zu. Heroin. Die Mapapasi dealten nicht einmal wirklich damit. Sie waren die Endverbraucher. Viele von ihnen landeten immer wieder im Gefängnis, manche für lange, weil die Drogengesetze Tansanias ziemlich hart sind. Andere kamen mit geschorenen Köpfen und geprügelten Fußsohlen davon.

Saidi erzählte mir von einem Freund, der ihn ständig um Geld gebeten habe, für Heroin. Eines Tages habe er ihm keines mehr gegeben, am nächsten Morgen war der Freund tot. Seither gebe er jedem etwas. Der Polizei konnte man sich entziehen, indem man im Voraus eine Geldstrafe entrichtete.

Das Viertel Sansibars, in dem ich wohnte, hatte den Spitznamen »Peschawar«. So heißt eine Stadt in Pakistan. Die Gegend hieß deshalb so, weil in ihr Heroin aus Peschawar verkauft wurde. Die Polizei kassierte mit. Saidi zeigte mir den größten Dealer, als der auf seinem Motorrad vorfuhr.

Er war groß und dick und wohnte im Nebenhaus. Toka!

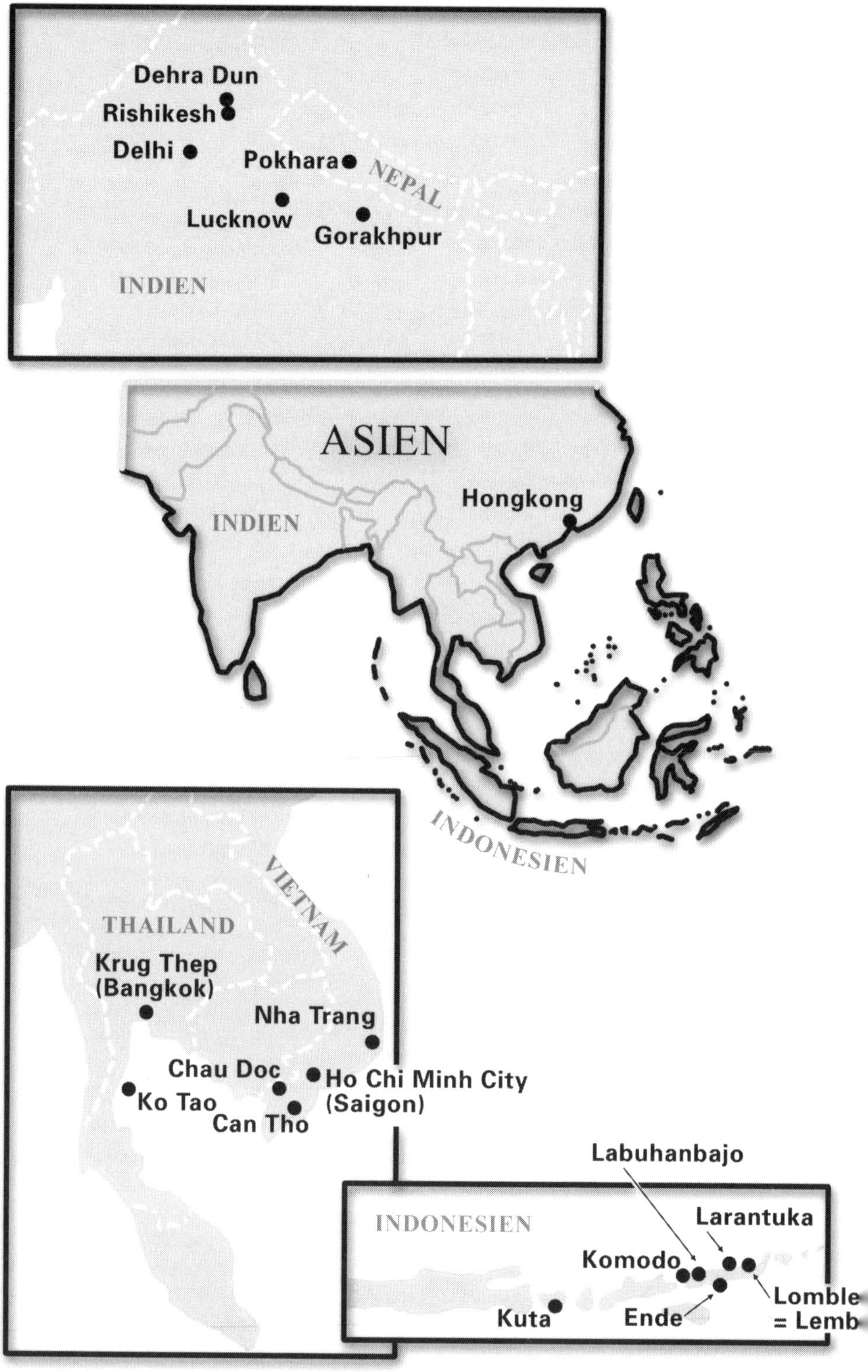
Dehra Dun
Rishikesh
Delhi
Pokhara
NEPAL
Lucknow
Gorakhpur
INDIEN
ASIEN
INDIEN
Hongkong
INDONESIEN
VIETNAM
THAILAND
Krug Thep
(Bangkok)
Nha Trang
Chau Doc
Ho Chi Minh City
(Saigon)
Ko Tao
Can Tho
Labuhanbajo
INDONESIEN
Larantuka
Komodo
Lomble
= Lemb
Kuta
Ende

# ASIEN

# INDIEN

## Strange Days

Was für ein Land! Sydney, das Great Barrier Reef, Outback. Es gibt so viel zu sehen in Australien.

Ich sah bei meinem Zwischenstopp in Australien einen Wickeltisch, einige Beißringe und Spinat auf Strampelhosen. Ich hütete drei Wochen lang ein Kind, und das ist die Wahrheit.

Ihr Name ist Kira, was in einer der vielen Sprachen der australischen Aborigines »Sonne« bedeutet. Da sie Halbwienerin ist, heißt sie außerdem noch Schmidl, was in jeder der vielen Sprachen der australischen Aborigines nichts bedeutet.

Kira lebt in Fremantle, einer sehr entspannten Kleinstadt an der Westküste, gleich bei Perth. Und Kira war zum Zeitpunkt meines Besuchs sechs Monate alt. Dieses Kind machte aus mir umgehend ein Ersatz-Vatertier.

Ich fütterte Kira, ich wickelte sie – mit Stoffwindeln –, ich ging, um sie zum Schweigen oder Lachen zu bringen, ständig über meine Grenzen. Ich tanzte sie in meinen Armen zu Bob Marley oder, wenn ich Pech hatte, Randy Crawford in den Schlaf und hatte meistens nicht einmal Angst, es könnte mich wer dabei sehen.

Als ich einem meiner ältesten Freunde am Telefon erzählte, wie die Abenteuer meiner Reise gerade so aussähen, sagte er: »Bist deppert worden?«

Darauf gab es natürlich nur eine Antwort.

Im Anflug auf Singapur, ungefähr zu dem Zeitpunkt, zu dem man normalerweise über Dinge wie Ground Temperature und Local Time informiert wird, teilte eine Stewardess mit:

»Wir möchten Sie darauf hinweisen, dass nach den Gesetzen Singapurs eine Überschreitung der erlaubten Aufenthaltsdauer von 90 Tagen durch drei Schläge mit dem Bambusstock bestraft wird.«

Was für ein Land. Ich blieb eine Nacht.

Im Flugzeug von Singapur nach Neu-Delhi saß ein indischer Kleiderfabrikant neben mir, der sehr darunter litt, dass der Bordservice von Air India dem internationalen Ansehen seines Landes so schwer schadete.

Dass man ihm statt »Black Label«-Whisky nur irgendeinen anderen anbot, verkraftete er noch einigermaßen – er hatte eine Flasche Black Label im Handgepäck.

Aber er zerbrach beinahe daran, dass ich keinen Whisky Sour kriegte, obwohl der doch auf der Menükarte stand.

Der Film an Bord war derselbe wie bei meinem Flug am Vortag. Meterware aus Bollywood, wie Bombay, die Filmstadt mit dem größten Output weltweit, auch genannt wird. Viel Gewalt, romantische Verwicklungen, Gags, die man sich bei uns auf Kindergeburtstagen nicht zu machen traute, völlig unmotivierte Massensing- und -tanzszenen, schwüler Sex, bei dem vielleicht etwas hinderlich war, dass in indischen Filmen schon ein Kuss als grobe Obszönität gilt.

»Aah, der ist sicher gut«, sagte mein Nachbar vorfreudig, als der Film begann. »Kennen Sie den amerikanischen Wrestler Brett Hit-Man Hart? Der spielt da mit.«

Manchmal ist es verführerisch leicht, Hochachtung zu ernten.

»Kenn' ich«, hörte ich mich antworten, »aber der, der da mitspielt, ist der ›Undertaker‹.« Der Inder sah mich mit großen Augen an.

»Hab den Film schon gesehen«, schoss ich in gelangweilter Beiläufigkeit nach.

Beinahe hätte er mich zum Executive Manager einer seiner Fabriken gemacht. Und hätte er noch eine Flasche Black Label gehabt, ich hätte wohl zugesagt.

Delhi erwies sich sehr rasch als die absolut schlimmste Stadt, in der ich jemals gewesen bin. Es war vielleicht nicht Delhis Schuld allein. Ich war in der Mid-Travel-Crisis. Mag nicht mehr, alles so mühsam, alle so weit weg, will nach Hause. So etwa.

Aber auch ohne das wäre dieser unmenschlich heiße, laute, dreckige Moloch schwer zu verkraften gewesen. Indische Normalität ist europäischer Albtraum. Zu viele Menschen, zu viele Autos, Rikschas, Karren, ein paar Kühe und Elefanten dazwischen, aggressiv werdende Händler, grausam verstümmelte Krüppel, Leprakranke, die fingerlose

Hände nach ein paar Rupien ausstrecken. Ich war dem in meinem angeschlagenen Zustand nicht gewachsen.

Darüber hinaus herrschte in Delhi gerade eine Dengue-Fieber-Epidemie. Ich kannte Dengue-Fieber vorher als zwar unangenehme, aber letztlich harmlose Krankheit. Dann las ich täglich in der *Hindustan Times*, wie viele Tote es gestern wieder gegeben habe, dass die Behörden völlig hilflos seien und die Blutkonserven erschöpft, vor allem die A-Positiven, meine Blutgruppe. Und der einzige Schutz, den es gegen Dengue gibt, ist, schneller zu sein als der Moskito, der gerade stechen will. Armee-Tankwagen fuhren durch die Straßen und versprühten Pestizide. Die Situation war nah an kollektiver Panik. Es war alles in allem nicht besonders angenehm.

Ein bisschen Trost spendete die österreichische Botschaft. Ich wollte ein paar zusätzliche Seiten für meinen völlig voll gestempelten Pass (ging nicht). In der Eingangshalle hing eine Inventarliste. Hier ein kurzer Auszug:

3.1 Tisch, Durchmesser 91 cm.

4.1 Tisch, Durchmesser 91 cm.

5.1 Tisch, Durchmesser 91 cm.

Für kurze Zeit fühlte ich mich wieder richtig zu Hause.

Und jetzt kommt noch etwas sehr Privates. Eines Abends lag ich im Bett und spielte an mir herum, kraulte meinen Wie-viele-Tage-auch-immer-Bart, zupfte an meinen Brusthaaren. Irgendwann zwickte ich mich in die rechte Brustwarze.

Was hat Kira, dieses unglaubliche Kind, aus mir gemacht? Es war nur ein kleiner weißer Tropfen, aber immerhin.

Auf »Star Sports« lief das Fußballspiel Finnland gegen Schweiz, live aus Helsinki. Ich sah aus dem Fenster.

Draußen war immer noch Delhi.

Pinguin am Rand der Ruta 3, Patagonien, Argentinien

Versteinerter Wald von Sarmiento, Patagonien, Argentinien

Gletscher Perito Moreno, Patagonien, Argentinien

Pater Palacios Einhorn, Patagonien, Argentinien

Füchse im Nationalpark Torres del Paine, Patagonien, Chile

Landschaft auf Feuerland, Argentinien

Gaucho Manuel Morales Alvarez, Patagonien, Argentinien

»Der Fluss des Grauens«, Patagonien, Argentinien

Familie Cruz Yucra, Titicacasee, Peru

Machu Picchu, Peru

Hexenmarkt in La Paz, Bolivien

Tinku in Macha, Bolivien

Coca-Blätter am Markt von Potosi, Bolivien

Friedhof in Nazca, Peru

Nkhata Bay, Malawi

Links unten mit weißer Jacke: Stephen

◂ Autor im Annapurna-Basecam
(4300 m), Nepal

Devi, Führer und Träger, Nepal

Machhapuchhare ▸
(6997m), Nepa

◂ Mönch am Berg Sam,
Chau Doc, Vietnam

Kowloon, Hongkong

Mekong-Delta, Vietnam

Am Boot der Walfänger von Lamalera, Indonesien

Waran auf Komodo, Indonesien

Insel Lembata, Indonesien

Fanny, Insel Flores, Indonesien

Termitenhügel im Kakadu-Nationalpark, Northern Territory, Australien

Springendes Krokodil am Adelaide-River, Australien

Bungle-Bungle-Berge, Kimberley, Australien

Autor und Oper, Sydney, Australien

## Am heiligen Fluss

Die Beine des Mannes pendelten sanft in der Strömung des Flusses. Er lag bäuchlings auf einem kleinen Felsen, kaum 5 Meter vom Ufer entfernt. Von weiter weg hätte man ihn für eine kleine orange-braune Sandbank im türkisen Wasser des Ganges halten können. Er trug ein orangefarbenes Hüfttuch und eine Blumengirlande, die ihm auf den Rücken gerutscht war.

Er konnte noch nicht lange tot sein.

Die Kuh, die ein Stück hinter ihm lag, war schon wesentlich länger im Wasser und zu einem feucht-pelzigen Ballon aufgegast.

Hindus werden normalerweise verbrannt und die Überreste kommen in den Ganges. Dieser Mann hier hatte entweder nicht genug Geld gehabt oder keine Verwandten, die für seinen angemessenen Abgang sorgen konnten oder wollten. Also hatte man ihn so in den Fluss geworfen.

Am Ufer stand eine Gruppe von Männern und betrachtete die Leiche. Als ich mich zu ihnen stellte, kamen nacheinander zwei zu mir, rissen die Augen weit auf und winkten mit der flachen Hand langsam vor ihren Gesichtern, als wollten sie Fliegen verscheuchen, die nicht besonders lästig sind, aber doch.

Am nächsten Morgen lag der Tote immer noch am selben Platz. Am Ufer, dort wo die Männer am Vortag gestanden waren, hockte eine junge Frau. Sie wusch bunte Saris.

Ich war nach Rishikesh gekommen, weil ich dachte, es könnte mir guttun, ein, zwei Wochen in einem Ashram Kopf zu stehen und mein Innerstes zu ergründen. Ashrams sind Yoga- und Meditationsschulen, in denen man auch wohnt und in denen man von einem Guru geleitet wird. Und Rishikesh, eine kleine Stadt sieben Busstunden nördlich von Delhi, wo gerade das Hügelland beginnt, das noch weiter im Norden zum Himalaya wächst, ist oder war zumindest einmal so etwas wie die Yoga-Hauptstadt der Welt. Ein Ashram reiht sich an den anderen, ein ganzer Stadtteil besteht praktisch aus ihnen.

In den sechziger Jahren folgten die Beatles ihrem Guru Maharishi Mahesh Yogi nach Rishikesh und den Beatles folgten Legionen westlicher Sinnsuchender. Maharishi Mahesh kandidierte übrigens indirekt bei den letzten beiden österreichischen Nationalratswahlen. Die »Naturgesetzpartei«, die mit der vereinigten Geisteskraft von 1000 meditierenden »Yogi-Fliegern« (sie hoppeln im Lotossitz) das Budgetdefizit in den Griff bekommen will, besteht aus seinen Anhängern.

Offensichtlich war die Zeit aber noch nicht reif für die Yogis. Im Moment feiern bei uns noch andere Obskuranten die politischen Erfolge. Ganz ohne Geisteskraft.

Ich umschlich also die Ashrams und betrachtete sie sehr sorgfältig. Von außen. Aber ich brachte mich einfach nicht dazu, tatsächlich in einen reinzugehen und etwas zu sagen wie: »Tag. Was kostet einmal sich selbst finden, bitte?«

Wenn ich andere westliche Ashram-Insassen sah, die strikt indisch gekleidet – manche sogar mit der Tika, dem roten Stirnmal versehen – auf den Stufen saßen, die zu den Badeplätzen im Fluss führten und die dort Hindu-Schriften studierten, bekam ich große Probleme, mir mich so oder so ähnlich vorzustellen.

In den Straßen rund um die Ashrams saßen viele Sadhus, die heiligen Männer, die ihr Leben mit der Suche nach Erleuchtung verbringen. Sie besitzen nur das, was sie am Körper tragen, und leben von Almosen. Bei der Erleuchtung ist ihnen Marihuana behilflich, das sie ganz offiziell und unbehelligt rauchen dürfen. Noch vor 20, 25 Jahren durfte das jeder in Indien. Als aber die Hippie-Invasion kam und die Blumenkinder überhaupt nur stoned waren, änderten die Inder ihre Gesetze.

Jedenfalls konnte jeder der Sadhus in Rishikesh »Hello« sagen und auf seinen Bettelnapf deuten. Warf man nichts hinein, bekam man einige indische Worte in den Rücken geworfen und sie klangen nicht sehr heilig.

Auf der schmalen Fußgängerbrücke, die über den Ganges führte, saß ein kleines Mädchen. Es fasste in einen Korb und zog eine Kobra heraus, als wäre die ein neues Spielzeug, das man stolz herzeigt.

»Foto?«, sagte die Kleine.

Andere Kinder verkauften Brotwürfel, mit denen man die heiligen Fische des Ganges füttern konnte, von denen stets ein wurlender Haufen unter der Brücke wartete.

Die anderen heiligen Tiere waren natürlich auch im Überfluss vertreten, und sie lagen mit Vorliebe wiederkäuend auf der Brücke, sodass man über sie hinwegklettern musste. Die Kuhfladentrefferquote auf der Brücke nach Einbruch der Dunkelheit, wenn man vielleicht einmal die Taschenlampe vergessen hatte, und ich vergaß sie dauernd, lag bei überzeugenden 100 Prozent.

Zu den indischen Kühen muss noch gesagt werden, dass sie zwar vermutlich genauso doof sind wie Kühe anderswo auf der Welt, aber doch kapiert haben dürften, dass sie heilig sind. Kein sich noch so haarsträubend rasend nähernder Autobus bringt eine indische Kuh dazu, sich auch nur einen Hufbreit zur Seite zu bewegen.

Der bleibt stehen, der weicht aus, und wenn es an den nächsten Baum ist. Kuh weiß das.

Eine Kuh zu töten, und sei es auch nur versehentlich, wäre für einen Inder so viel an schlechtem Karma, das könnte er erst im nächsten Leben wieder wettmachen.

Ich verließ Rishikesh schließlich, ohne in einem Ashram gewesen zu sein. Unerleuchtet wie eh und je.

Als ich in Dehradun, der nächsten Stadt, auf einen Zug wartete, kam ein junger Mann auf mich zu und begrüßte mich freudestrahlend.

»Wenn ich Leute aus dem Westen sehe, werde ich ganz verrückt«, sagte er. »Ich möchte so sein wie ihr. Sag mir, wie soll ich das machen?«

## Bundesbahn-Blues

Es ist für einen Österreicher in Indien vielleicht nicht genauso schwierig, eine Bahnkarte zu kaufen, wie für einen Inder, den Fahrkartenautomaten in Wien-Mitte zu durchschauen.

Aber manchmal ist es schwierig genug.

Indische Züge tendieren dazu, schon einige Tage vor ihrer Abfahrt vollkommen ausgebucht zu sein. Ich wollte ein Ticket für einen Nachtzug am Nachmittag desselben Tages. Also ging ich zuerst zum

Informationsschalter. Der war auch der einzige ohne lange Schlange davor.

»Der Nachtzug nach Lakhnau? Hab ich noch eine Chance?«

Der Mann hackte grimmig auf einen Computer ein, dessen Aussehen allein für Tränen unter jedem österreichischen Christbaum gesorgt hätte.

»1. Klasse Sitzplatz oder 2. Klasse Liegewagen. Beides RAC.«

Das hatte ich schon gelernt. RAC bedeutet Reservation Against Cancellation. Man hat mit diesem Fahrschein zwar keinen Platz im Zug erworben, darf aber trotzdem einsteigen. Drinnen wirft man sich dem TTE (Travel Ticket Examiner, dem Schaffner also) an den Hals und der findet dann einen Platz. Für ein paar Rupien findet er ihn möglicherweise sogar innerhalb einer Stunde.

»Fein«, antwortete ich. »Ich nehme die 1. Klasse.«

Es war ein Versuch, das Schlangestehen zu vermeiden. Manchmal kriegt man Sonderbehandlung, wenn man einen europhilen Inder erwischt. Meiner reichte mir nur wortlos das in Mikroschrift auszufüllende Antragsformular zur Erlangung der Anwartschaft auf ein Ticket und wies auf die drei Schlangen vor den anderen Schaltern.

Als ich eine Stunde später in die Lage versetzt war, meinen Zettel abgeben zu können, bekam ich ihn gleich wieder zurück.

»Keine 1. Klasse«, sagte ein unbarmherzig Amtierender.

»Dann nehm' ich eben die 2.«

Das stand aber nicht auf meinem Antrag. Mit Mühe konnte ich vermeiden, mich noch einmal anstellen zu müssen. Als ich endlich mein Ticket hatte, war es nicht RAC, sondern WL. Waiting List. Damit darf man nicht einmal in den Zug, es sei denn, man rückt bis zu dessen Abfahrt zumindest in die RAC-Kaste auf, weil andere Leute ihre Fahrkarten zurückgegeben haben.

Ich hatte noch sieben Stunden Zeit. Würde schon klappen.

Ein bettelnder Sadhu schlurfte auf dem Bahnsteig herum. Er war alt, hatte lange weiße Haare, sein Bart wuchs ihm in den Mund. »Uh-Uh-Uh-Uh«, sagte er. Vielleicht war er wirklich stumm. Ich gab ihm Geld, er zählte die Münzen, bevor er sie in einem Zipfel seines orangefarbenen Umhangs einknotete.

Die Wartezeit verging elend langsam. Zwei Stunden vor Abfahrt wurden Listen ausgehängt, die aus unendlich viel Papier bestanden und um die sich sofort eine aufgeregt wogende Menschenmasse sammelte.

Ich stand drauf. Na also.

Ein älterer Mann mit dicken Brillen bat mich um meinen Kugelschreiber, um seine Sitznummer aufschreiben zu können. Er fragte, woher ich käme. Seine Antwort auf meine Antwort war überraschenderweise: »Ah – Innsbruck!«

Von hinten tippte mir jemand auf die Schulter. »Uh-Uh-Uh.«

Mein Liegeplatz im Zug hörte dort auf, wo meine Unterschenkel begannen. Der Waggon hatte je sechs normal lange Pritschen pro Abteil und zwei kurze, die an die Längswand gepresst waren. Und der Computer hatte den eindeutig größten Menschen in diesem Zug auf eine kurze gelegt. Computer sind gerecht. Ich führte dem TTE mein Problem vor Augen. »Später«, beschied er.

Eine Hand fuhr durch die Gitterstäbe vor meinem Fenster nach drinnen. »Uh-Uh-Uh.«

Ich schlief nicht wirklich viel in dieser Nacht. Der Vollmond strahlte mich höhnisch an, und die einzigen Menschen, die außer mir in der ganzen Ganges-Ebene wach zu sein schienen, waren die Tee-Verkäufer in den Bahnhöfen. »Cha«, riefen sie meist vergeblich, »Cha-Ya!«

Am Morgen lud mich einer meiner Schlafnachbarn zu einer Tasse ein. Sie war aus ungebranntem Lehm, der Tee sickerte schnell nach außen. Und er schmeckte nach Erde. Zwei Rupien die Tasse. Vier Cent. Wie viele Tassen konnte man in einer Nacht verkaufen. 10? 20?

Der Rikschafahrer vor dem Bahnhof in Lakhnau sah angestrengt in die Ferne, als suchte er den Horizont.

»Das ist sehr weit«, sagte er, »zehn Kilometer. 45 Rupien.«

Ich wollte zur Busstation. Nach etwa 400 Metern waren wir da. Ich gab ihm zehn Rupien und schaute drein, wie man nach elf Stunden in einem zu kurzen Bett eben dreinschaut. Er protestierte nicht.

Weitere neun Stunden später, nach einer unerfreulichen Busfahrt, war ich in Gorakhpur, einer trostlosen Moskito-verseuchten Müllkippe. Ich hatte nicht vorgehabt, hier zu bleiben, aber ich brauchte Schlaf.

Um drei Uhr früh stand ich wieder auf, um den ersten Bus zur nepalesischen Grenze zu erreichen. Die Stunden davor hatte ich damit verbracht, so viele Gelsen zu töten wie noch nie zuvor in ähnlich kurzer Zeit, und mich fortwährend zu kratzen.

»Gibt es Dengue-Fieber in Gorakhpur?«, fragte ich den Nachtportier.

»Nein.«

»Malaria?«

»Oh ja, viel Malaria.«

Ich konnte nicht mehr dazu denken als: auch schon egal.

Der Bus käme beim Hotel vorbei, hatte man mir gesagt. Er bliebe stehen, wenn ich ein Zeichen gäbe. Auf den Bänken, die vor dem Hotel standen, schliefen vermummte Gestalten. Es stank nach Urin.

Ein Bus kam langsam die Straße herunter. Ich hob meine Hand.

Er fuhr vorbei.

Es begann zu regnen.

# NEPAL

## Von Mann zu Mann

Der nepalesische Grenzbeamte sah mich an und die kleine Pfütze, die ich gemacht hatte.

»Regnet es in Indien?«, fragte er und einer seiner Unterläufel im Hintergrund stieß ein kurzes »Hehe« hervor.

Dann schickte mich das komische Talent durch den schweren Regen nach Indien zurück, weil ich vergessen hatte, mir den Ausreisestempel geben zu lassen. Der Weg zwischen den beiden Grenzposten war lang.

Sechs Uhr früh und der Mann war schon witzig. Widerwärtig. Wobei es in Nepal ja schon ¼ 7 war, um genau zu sein. Nepal ist von Indien zwar vor allem wirtschaftlich völlig abhängig, aber um zu beweisen, wie unabhängig es doch ist, hat es eine Zeitdifferenz von einer Viertelstunde zum großen Nachbarn.

Indien wiederum konnte sich nicht zur Einführung mehrerer Zeitzonen entschließen, obwohl es dafür wahrlich groß genug wäre. Also hat es jetzt eine Mittelzeitzone ganz für sich allein. 4 ½ Stunden vor mitteleuropäischer Zeit. In Nepal sind es 4 ¾ Stunden.

In manchen Ländern hat man eben nicht nur noch politische Visionen, sie werden auch umgesetzt.

Auch ohne die entscheidende Viertelstunde war sofort nach der Grenze zu spüren, dass das nicht mehr Indien war. Die Landschaft war zwar dieselbe – flach und feucht, zumindest in den ersten paar Stunden –, aber das in Indien allgegenwärtige Chaos aus Rikschas, Lastwagen und Kühen, das Ameisengewühl aus Menschen waren mit einem Mal weg.

Nur der Bus, in dem ich saß, war voller als jeder, den ich in Indien gesehen hatte. Von dem Platz, den ich mir erkämpft hatte, vertrieb mich drei Minuten später eine sehr entschlossene Frau, die einen gelben Zettel vor meinem Gesicht schwenkte und behauptete, sie hätte genau diesen Sitz reserviert.

Ihr kam auch zugute, dass mir zur selben Zeit ein Mann eine schöne karminrote Tika aufs Hirn malte, mir eine Blume überreichte, mich in Nepal willkommen hieß und dann Geld wollte.

Wo auf der Welt wird schon gratis gesegnet?

Erst als ich in der Fahrerkabine saß, kamen mir Gedanken wie: Reserviert? In einem nepalesischen Bus? Demnächst erzählt dir wer, dass die Austria Meister wird, und du glaubst es.

Aber immerhin. Ich musste nicht aufs Dach und nicht stehen. Ich war in einem vom Rest des Busses abgetrennten Abteil von etwa sechs Quadratmetern und wir waren nur zu elft darin. Inklusive Chauffeur.

Neben mich zwängte sich ein junger, dicklicher Mann mit flaumigem Schnurrbart. Sein Name sei Eswari, er käme aus Madras in Südindien und sei auf dem Weg zu Verwandten in der Nähe von Pokhara, wo ich hin wollte.

Eine Stunde später hatte Eswari seine Hand auf meinem Oberschenkel und wir redeten über Sex.

Beides ist sehr typisch für hinduistische Männer, soweit ich das beurteilen kann. Öffentlicher Körperkontakt, der als zärtlich gedeutet werden könnte, ist zwischen Mann und Frau undenkbar. Zwischen Mann und Mann nicht. Männer schlendern eng umschlungen oder Händchen haltend in den Straßen, weil sie eben Freunde sind. Niemand käme auf die Idee, sie könnten mehr als das sein. Denn das ist erst recht undenkbar.

Obwohl aber Sex ein Tabuthema ist, begann jeder indische Mann, mit dem ich näheren Kontakt hatte, früher oder später darüber zu reden. Bei Eswari war mir das sogar ganz recht, denn vorher hatte er mich mit Fragen eingedeckt, wie: »Was hältst du vom Hinduismus?« Da kann man sich als Fremder ziemlich leicht den Mund verbrennen. Dann schon lieber: »Mit wie vielen Frauen hast du in deinem Leben schon geschlafen?«

Eswari fand, er sei noch zu jung zum Heiraten. Aber seine Eltern hätten mit den Eltern der Künftigen schon alles abgemacht – die klassische Art, wie in Indien Ehen zustande kommen. Frauen werden sowieso nicht gefragt, aber selbst Männer müssen wirklich gute Gründe haben, Vaters Wahl abzulehnen. Eswari schien mit seinem Los wenigstens durchaus zufrieden zu sein.

»Nur noch fünf Jahre«, sagte er und zog bedeutungsvoll die Augenbrauen hoch. »Dann kann ich ihr beweisen, was für ein Mann ich bin.«

Das klang ja fast schon nach Liebe. In dieser Form hatte ich noch keinen Inder über Frauen reden gehört. Ein Fremdenführer in Delhi etwa hatte mir erklärt, er wolle eine einfache Frau. Eine, die wenn möglich nie in einer Schule gewesen sei. Die ließen sich mehr gefallen. »Wenn sie nicht will, kriegt sie Schläge.« Das entsprach mehr dem Standard.

Nachdem wir nun so enge Freunde geworden waren, die keine Geheimnisse voreinander hatten, teilte ich mit Eswari mein Essen, Äpfel und Kekse, und mein Wasser. Ich konzentrierte mich sehr, ihm auch ja nichts mit der linken Hand zu reichen, denn die ist praktisch in ganz Asien Klopapierersatz. Mit der darf man nicht einmal in die Nähe von Nahrung kommen, auch nicht der eigenen. Und Essen eines anderen direkt zu berühren, mit welchem Körperteil auch immer, macht es ungenießbar. Das gilt auch für Wasser. Teilt man es, muss man es sich in den Mund gießen.

Die Straßen waren ruppig. Meine Mitfahrer hatten sehr viel Spaß mit mir.

Als ich in Pokhara ausstieg, wurde ich sofort von einer Horde junger Hotelkeiler eingeschlossen.

»Pass gut auf«, sagte Eswari aus dem Fenster, auf die an mir Zerrenden deutend.

Und dann sagte er noch: »Vergiss mich nicht!«

## Der große Trek (I)

»Autobahn-Trekking«, sagte Ganga, und mit diesem einen Wort entschied er, dass ich zum Annapurna-Basecamp gehen würde.

Der Himalaya ist nicht die Saualpe. Und nicht einmal auf der war ich jemals oben. Es würde ohnehin hart genug werden, mich auf 4200 Meter und wieder runter zu trekken. Da konnte ich zusätzliche Erschwernisse wie kein Bett, Essen selber kochen, keine Marlboro und so wirklich nicht brauchen.

»Ich kann dir einen Führer vermitteln, wenn du willst«, fuhr Ganga fort.

Er hatte, wie viele junge Männer in der Touristenstadt Pokhara, lange Haare. West-Styling. Mit seinem braunen, fein geschnittenen Mongolengesicht und der schwarzen Mähne hätte man ihn ohne Weiteres auch für einen Südamerikaner halten können. Ganga war mit einer Schottin verheiratet – die eine Freundin in Favoriten hatte – und war Manager von »Nirvana«, meinem Hotel.

Der Führer würde auch meinen Rucksack tragen. Ich brauchte ganz dringend einen.

»Kommst du aus Österreich?«, fragte mich am Abend desselben Tages ein junger Mann in einem Geschäft in der Nähe des »Nirvana«. Woran sah er das?

»Ganga hat dich mir beschrieben. Ich bin Devi, dein Führer.«

Er hatte ein Gesicht, mit dem er es zum Model hätte bringen können. Er war gerade dabei, sich die Haare wachsen zu lassen. Und er war vielleicht 1,60 Meter groß, er ging mir nicht einmal bis zur Schulter.

Was für ein Paar. Muckenstruntz und Bamschabl gehen in die Berge. Und der Kleine schleppt das Gepäck.

Wir brachen am frühen Morgen auf. Zuerst mit einem Taxi nach Phedi, eine halbe Stunde von Pokhara entfernt. Dort ging der Trek los. Mit einer steilen Treppe ohne Ende, die sich durch einen Wald hochwand. Ein unerfreulicher Anfang.

Als der Anstieg nach Stunden endlich gemächlicher wurde und manchmal ganz verschwand, versuchte ich, gehen zu lernen. Ich ging in den kleinen Schritten Devis, visierte immer nur den nächsthöheren Stein an, versuchte ruhig zu atmen. So segelte ich ganz gut durch den Nachmittag.

Meine Umwelt nahm ich nur begrenzt wahr. Ich erinnere mich an einen alten Mann, der einen Korb flocht und meinen Gruß strahlend erwiderte. Ihm fehlten oben und unten viele Zähne, wunderschön symmetrisch. Sein Lachen war ein offener Reißverschluss.

Auf den Polster meines Bettes in der Lodge, in der wir die erste Nacht verbrachten, war mit rotem Zwirn »Sweet Dreams« gestickt. Im kleinen Speiseraum lag ein deutsches Buch auf einem Regal. »Machen Sie mehr aus Ihrem Geld.« Ich versuchte, mir den Mann – es musste einfach ein Mann gewesen sein – vorzustellen, der mit einem solchen Buch den Annapurna-Trek in Nepal macht. Mit dem auf ein Bier zu gehen, wäre sicher nett.

Wir waren sieben Stunden gegangen an diesem Tag. Um acht Uhr schlief ich.

Am nächsten Morgen fühlten sich meine Beine an wie Radier-Speckgummi, und mir wurde klar, dass ich mir die Topografie des Weges falsch vorgestellt hatte.

Der Trek folgte an sich einem Fluss, dem Modi Khola. Aber nicht direkt am Fluss entlang, am Talboden und somit stetig, aber langsam ansteigend. Er schnitt vielmehr über die tief gefurchten Bergschultern. Wir gingen also am Morgen von Tag 2 fast alles, das wir den ganzen Tag 1 hinaufgestiegen waren, wieder hinunter. So blieb das im Übrigen den ganzen Trek hindurch. Ständig auf und ab.

Am frühen Nachmittag badeten wir in einer Thermalquelle. Eine große Gruppe von Holländern kam an. Einige der Frauen zogen sich vor den Augen ihrer nepalesischen Träger aus und Badeanzüge an. Die jungen Hindus wussten nicht, wo sie hinschauen sollten. Sie badeten nicht einmal im selben Pool, sondern in einem anderen, zu dem man vom ersten nicht hinsehen konnte.

Nur Devi blieb bei den Touristen und schaute gleichmütig. Er hatte mir erzählt, dass er schon mehr westliche Sitten pflege, als nepalesische. Und er wollte unbedingt eine Frau aus dem Westen. Er hatte eine japanische Freundin gehabt – das war für ihn auch Westen; Westen bedeutete einfach, Geld genug zu haben, um nach Nepal reisen zu können –, aber eines Morgens sei er aufgewacht und sie sei weg gewesen.

Nach dem Bad kam ein entsetzlich steiler Aufstieg, 1½ Stunden lang. Ich hatte mich den ganzen Tag schon geplagt, und das gab mir den Rest. Jeder Schritt tat weh. Als ich oben war, war ich völlig am Ende.

In der Lodge dieses Abends lernte ich Edith und Rolf aus der Nähe von Zürich kennen. Sie wollten auch zum Basecamp. Wir saßen an einem Tisch auf der Terrasse, die Sonne ging gerade unter. Der Annapurna South und der Machhapuchhare, beide um die 7000 Meter hoch, hingen rotflammend über dem Tal.

»Feinde«, sagte ich, weil manchmal bin ich witzig, »lauter Feinde.«

Edith beugte sich über den Tisch zu mir. »Derrr Feind ist in dirrr!«

Auf dem Tisch lag ihr Buch. Ein vietnamesischer Mönch gab darin Anleitungen, um glücklich zu leben. Das erste Kapitel beschäftigte sich mit der Freude, die man aus Geschirrabwaschen ziehen kann. Dreckige Teller sind nämlich Freunde.

»Du musst ihn umarmen!«, setzte Edith nach.

Ab dem nächsten Morgen wanderten Edith, Rolf und ich gemeinsam.

## Der große Trek (II)

Rechts unterm Annapurna war es kalt.

In meiner Feldflasche gefror das Wasser über Nacht. Ich lag voll angezogen in meinem Schlafsack, nur einen Augenschlitz frei wie irgendein Ramses, und gefror auch über Nacht.

Und zu wenig Sauerstoff war, wegen der Höhe. Einen erotischen Traum hatte ich. Sie trug ein enges, schulterfreies, bordeauxrotes Abendkleid und lange Handschuhe und sie ... – ich kenne sie.

So kenn ich sie nicht.

Dann drehte sich Rolf im Nebenzimmer und schlug dabei gegen die dünne Holzwand. Hätte bitte einmal nichts dazwischenkommen können?

Bei Tag war das schon was anderes unterm Annapurna. Ich saß auf einem schneefreien Felsen, ließ mir schädliche Strahlen ins Gesicht gleißen und hatte dieses Gipfelsieggefühl.

Es lässt sich ziemlich umfassend beschreiben mit: Oben. Ha!

Ich war auf 4200 Metern, und weiter rauf zu wollen, hätte bedeutet, mit Seil und Haken alles zu wagen. Eine knappe Armlänge von mir entfernt standen ein Achttausender, acht Siebentausender und was kümmern mich überhaupt Sechstausender und schauten bedeutend.

Khangsar Kang, Varaha Shikar – kann es einen besseren Namen geben für einen Berg, der 7847 Meter hoch ist?

Anna Purna könnte allerdings auch eine Hausmeisterin in Wien heißen. Sie hat ihren Berg verdient, ich bin sicher.

Es war nicht das erste Mal, dass ich mich in so einer Höhe befand. Aber das erste Mal nur mit Beinen. Sonst war immer ein verlässlicher Jeep mit.

Vier Tage war ich gegangen. Jeden Morgen hatte ich gierig darauf gewartet, dass die Anstrengung zur Ausschüttung meiner Endorphine führte, die den Muskelkater und mein linkes Bein narkotisierten und überhaupt die Stimmung hoben.

Ohne körpereigene Opiate heißt das ja nichts in den Bergen.

Am zweiten Tag hatte ich eine ältere Touristin gesehen, die in einem klobigen Tragesessel am Rücken eines Nepali saß. Sie konnte wohl nicht mehr. Opiatmangel. Der Mann war sicher gewohnt, viel durch die Berge zu schleppen. Aber er war wirklich nahe am Zusammenbruch.

Als ich Rolf davon erzählte, kriegte er gleich wieder einen Zorn. Mein Weggefährte, Schweizer, verfügte über einen ausgeprägten Gerechtigkeitssinn. Angesichts der nepalesischen Träger, die um die 50 Kilo in ihren Körben hatten, war er kaum zu beruhigen, vor allem, wenn die 50 Kilo aus Campingausrüstung bestanden.

Immer, wenn wir auf eine Campingkarawane trafen, oft waren es Japaner, sagte er im Vorbeigehen etwas Freundliches. »Man muss wirklich ein totales Arschloch sein, wenn man hier unbedingt campen muss.«

So was. Auf Englisch, klar.

Es war grotesk, wie diese Menschen bepackt waren. Zelte, Tische, Sessel, Kocher, hoch aufgetürmt. Manche hatten vier oder fünf pralle, große Tramperrucksäcke zu einem Paket verschnürt. Sie trugen all das mit einem Kopfgurt, der tief in die Stirn schnitt. Viele gingen barfuß, die meisten mit Gummischlapfen. Manchmal waren auch Frauen dabei.

Man musste hier wirklich nicht campen. Es gab so viele Lodges. Ein Bett kostete einen Dollar.

Aber auch diese Lodges wurden von den Trägern versorgt. Sie schleppten Verpflegung, Kerosin zum Kochen und Heizen, was wenigstens ökologisch korrekt ist, weil sonst die Bergwälder verheizt werden, Wasser in Plastikflaschen – ökologisch nicht korrekt, weil die leeren oben bleiben, Leitungswasser und Jod war korrekt, es schmeckte, als hätte man den Boden einer Apotheke damit aufgewischt und nicht, dass Rolf das Zeug getrunken hätte – und Coca-Cola und Carlsberg in schweren Glasflaschen. Und nicht, dass ich nicht öfter ein Bier gebraucht hätte, nach dem ganzen Jod.

Die Träger schleppten sich also für alle Touristen krumm. Und für drei oder vier Dollar am Tag.

In den meisten Lodges gab es sogar Apfelstrudel – »Apple Pie« – mit Vanillepudding-Soße. Der Küchenstandard war eindeutig zu hoch für diese Höhe.

Aber Devi und Rishi, unsere beiden Führer, aßen immer nur Dhal Bhat, die Nationalspeise. Nepalesen ernähren sich fast ausschließlich davon.

Dhal ist eine dicke Linsensuppe, Bhat ist Reis. Tarkari wird beim

Bestellen nicht erwähnt, es ist selbstverständlich. Gemüse-Curry, meistens Kohl.

Am Anfang versuchte ich mitzuhalten und aß Dhal Bhat wenigstens einmal am Tag. Es schmeckte jedes Mal ganz intensiv nach nichts. Jodiertes Wasser dazu und Trostlosigkeit griff Platz. Nepal war das erste Land auf meiner ganzen Reise, in dem ich mich über das Vorhandensein westlichen Essens freute. Tibetisch war auch noch eine gute Alternative.

Als ich so in meinem Schlafsack lag, am Beginn der kalten Nacht unterm Annapurna, konnte ich die Unterhaltung links neben mir gut mitverfolgen. Die Wände waren so dünn.

Sie war eine in Korea geborene Schwedin mit rot gefärbten Haaren, er Australier ohne besondere Kennzeichen. Sie hatten einander in Indien kennengelernt und waren seit einigen Wochen gemeinsam unterwegs. Ein interessantes Paar, in jeder Hinsicht.

Das Letzte, was sie sagte, war: »Wenn du mich willst, warum sagst du nicht einfach: I want to fuck?«

Das war zum Teil auch das Letzte, das er sagte. In dieser Kälte.

Du hast übrigens deine Handschuhe vergessen.

## Der große Trek (III)

Der Ort, an dem ich den Abend des neunten Tages verbrachte, hieß »Kein Wasser«. Andere hießen »Wasser für die Pferde«, »Schwarzes Wasser«, »Heißes Wasser« (2x).

Tadapani hatte sein Negativimage verdient. Kein richtiges Dorf, nur eine Hand voll hässlicher Lodges. Nebel.

Der Abend war fad. Am Esstisch saß eine Südkoreanerin, jung, nervös, affektiert. Sie hatte auf dem Markt, auf dem ein Einheimischer nie etwas kaufen würde, einen Schal erstanden. Sie erzählte hektisch, wie hart sie gehandelt habe und dass sie schließlich bis auf 200 Rupien runtergekommen sei. Knapp 3 Euro.

Dann gab sie den Schal ihrem nepalesischen Guide, der neben ihr saß. Sein Trinkgeld, der Trek ging zu Ende.

Es war ein großer Schal.

Seit wir das Annapurna-Basecamp verlassen hatten, wollte ich mit jedem Schritt weniger. Mein Knie tat weh, ich war erschöpft. Und die Abende waren fad. In den Lodges ging es zu wie in Sanatorien. Um neun lag praktisch jeder im Bett. Vorher aßen alle Touristen gemeinsam.

Woher? Oh! Man trifft nicht viele. Wie viele Tage bist du schon unterwegs? Schon im Basecamp gewesen? Kalt, ha? Nun ja, war ein langer Tag, ich werde dann langsam ...

Ich war immer noch mit Edith und Rolf, den Schweizern, unterwegs. Vor zwei Tagen hatte Edith den Israelis die Tür eingetreten.

Israelis waren in Nepal hochgradig unbeliebt. Als Devi, mein Führer, den dreckigen Erdäpfelsack sah, den ich als Schutz über meinem Rucksack habe, wollte er ihn runterschneiden. »Sonst glauben alle, du bist Israeli.« Er war einmal mit Israelis auf einem Trek gewesen und hatte sich so schlecht behandelt gefühlt, dass er nie wieder mit welchen gehen wollte.

Mir selbst fiel auch einige Male auf, wie junge, überselbstbewusste Israelis mit Nepalesen umgingen, als wären die ihre Diener. Hier stießen zwei Kulturen zusammen, die miteinander nicht viel anzufangen wussten. Die freundlichen, zurückhaltenden, immer höflichen Bergbewohner und mediterran raue Buben, oft frisch nach drei Jahren der Armee entkommen, oft in großen Gruppen unterwegs, bei denen eine normale Unterhaltung klang, als wären sie noch in der Kaserne.

Nur ein Bruchteil benahm sich tatsächlich daneben. Aber da, außer Engländern, die meisten Touristen in Nepal Israelis sind, fällt es eben auf.

Dass sie laut waren, störte vor allem die anderen Trekker. Die, denen Edith die Tür eintrat, waren drei Zimmer entfernt von mir. Sie gehörten zu einer Gruppe von ungefähr zehn, die ziemlich spät angekommen waren und beinahe keine Zimmer bekommen hätten. Erst mussten sie den Inhabern versprechen, leise zu sein. Zwei Mädchen waren auch dabei, eines von ihnen Kanadierin.

Sie hatten aus einer Plastikflasche eine Ersatz-Wasserpfeife gebaut und in der Nacht Hasch geraucht, das in den Bergen leicht und billig zu kaufen war. Einer hatte es nicht so vertragen und schlimm gehustet, offenbar sehr lange. Ich wachte auf, als die schottische Zahnärztin von zwei Zimmer entfernt brüllte: »Be quiet for Christ's sake!« Dann hörte ich ihn husten.

Dass Edith am Morgen ihre Wut an der Tür ausließ, störte mich auch, weil die Kanadierin irgendwo Ähnlichkeit mit der frühen Raquel Welch hatte.

Ich war in Ediths Dunstkreis. Nach der Sache mit der Tür war zwischen Raquel und mir alles nicht mehr so wie früher. Wir hatten uns vorher sicher schon zweimal angelächelt.

Und der Abend des neunten Tages war fad. Ich ging schlecht gelaunt schlafen und schlief dann schlecht. Gleich nachdem ich am frühen Morgen aus meinem Zimmer gewankt war, völlig willenlos, setzte mich Devi an einen Tisch im Garten, an dem eine Frau war.

Ich sah einer Leiche nicht gänzlich unähnlich.

Sie war eine Sonate in braun. Die Haut, die Augen, die langen gelockten Haare.

Ihr Name war Limor. Sie kam aus Israel. Wir aßen zusammen. Wir beschlossen wortlos, an diesem Tag zusammen zu gehen. Sie sang unterwegs für mich, damit ich mein wehes Knie vergäße.

Am Abend hatten wir ein Light-einer-Candle-Dinner in einem eiskalten Turm, der von dichten Wolken eingehüllt war. Kann man mehr verlangen?

Die letzten beiden Tage des Treks vergingen schnell. Wir flogen von Pokhara nach Kathmandu. Am Flughafen stellte sich Limor auf die Gepäckswaage. So ein rotes Gusseisengerät, wie es früher, als man um einen Schilling noch was bekam, in den Straßen in Wien stand.

»57«, sagte sie zufrieden. »Nichts zugenommen.«

Ich war seit acht Monaten auf keiner Waage mehr gewesen. Ein bisschen sollte ich abgenommen haben, aber das konnte nicht sein.

»Die stimmt nicht«, sagte ich, »zeigt viel zu wenig an.«

Limor schaute feindselig. Ich ging eilig von »Nepal Air« zu »Necon Air«.

Konnten zwei Waagen genau gleich falsch gehen?

Dann machte ich noch bei »Everest Air« den Koffer. Es schien sich nicht einmal jemand über mich zu wundern.

Auch diese Waage sagte 72. 13 Kilo weniger als in Wien. Und ich bin 1,90.

Limor wollte von Kathmandu nach Thailand. Ich zurück nach Indien.

Drei Tage später war ich in Bangkok.

# THAILAND

## Die Insel des vorigen Tages

Koh Tao war einer der Orte, an denen man schnell nicht mehr weiß, ob heute der 14. oder der 17. ist.

Die Tage auf der kleinen Insel trotteten barfuß durch die Wochen und unterschieden sich voneinander nur durch wirklich herausragende Ereignisse wie besonders wilde Strandpartys oder Sonnenschein.

Die beste Party war zu Vollmond, zwei Tage bevor zum ersten Mal die Sonne schien. Die Thais feierten an diesem Tag das Fest des Lichtes. Sie hatten im Dorf eine Bühne aufgebaut, auf der in Zeitlupe tanzende Kleinkinder, eine Transvestiten-Misswahl und eine sehr lange Doppelconférence, bei der zweimal einer lachte, zu sehen waren.

Um Mitternacht stürmten die Touristen an den Strand, um dem Fest sein Herz zu geben. Es ist Brauch, ein Blumengesteck, das mit einigen Räucherstäbchen und einer Kerze auf einer Scheibe aus Palmenholz sitzt, wegschwimmen zu lassen. Es nimmt das ganze Pech des nächsten Jahres mit und kostet 2 Dollar.

Sah wirklich schön aus, die vielen Lichter am Wasser.

Thais waren keine am Strand.

Die Party war nachher, in der Moonlight-Bar. Wo sonst. Es wäre eine ganz normal ausufernde Party geworden, wenn es nicht um zwei zu schütten begonnen hätte. Die am Strand tanzende Menge flippte aus vor Begeisterung. In zwei Minuten waren alle triefnass, zogen aus, was sie entbehren konnten, rollten im Sand, tanzten im Meer. Regen und Techno hämmerten gemeinsam durch eine lange Nacht.

Bis zu dieser Party war meine Uhr wasserdicht. Danach hin.

Limor und ich tanzten bis sieben. Als die Sonne die Wolken von hinten beschien, hörte der Regen auf.

Ein paar Stunden später ging mir beim Tauchen die Luft aus. Ich hatte etwa so viel veratmet wie ein tauchendes Pferd. Und beim Sicherheitsstopp auf 5 Metern saugte ich ins Leere, obwohl die Anzeige noch was anzeigte. Komisches Gefühl.

Oben haute es mich dann noch im Boot hin und ich schrammte mir das halbe Schienbein auf. Don't drink and dive.

Einen Tag, bevor zum zweiten Mal die Sonne schien, schrieb Limor in 40 Metern Tiefe »I want to stay« auf die Tafel des Tauchlehrers, weil sie der Stickstoff überwältigt hatte. Wenn man den Tiefenrausch kriegt, weiß man nicht mehr so genau, was man tut, aber es geht einem ausgesprochen prächtig dabei.

Ich sah zwei Haie 10 Meter links von mir und dachte: »Abucs Noitcnuj«. Es waren kleine Haie.

Dann schrieb ich »Abucs Noitcnuj« wie nichts in 15 Sekunden, schneller als an Land. Das war der Name der Tauchschule, verkehrt. Stickstofftest.

Limor brauchte doppelt so lange wie über Wasser. Sie ärgerte sich, denn sie war ein ehrgeiziges Mädchen. Ich beneidete sie. Um den Ehrgeiz auch.

Es regnete nie den ganzen Tag, aber jeden. Der Monsun war zu spät dran und schien es mit dem Weiterziehen überhaupt nicht eilig zu haben. Grauschwarze Wolken über blauschwarzem Meer. Es war heiß und so feucht, dass Schimmel auf meinem Rucksack wuchs. Tropische Strandidylle.

Andererseits war das aber auch wieder völlig gleichgültig, weil, und jetzt kommt eine wichtige Erkenntnis im Leben jedes heranwachsenden Anfangdreißigers, weil sich am Ende doch alles immer nur um

Frauen dreht. Muss eine Art Fluch sein. Mit einer Frau ist alles immer gleich ganz anders und im Gegensatz dazu ohne auch.

Die Frau, wegen der ich in Thailand war, lag neben mir auf der Terrasse des »Cha-Ba«, das Essen war großartig. Palmen beugten sich über uns in den Himmel, der sogar einmal klar war. Ich konnte mir vorstellen, mich die nächsten vier Tage nicht zu bewegen – sofern sie den Dieselgenerator neben dem Haus bald einmal abdrehten.

Wir widmeten uns unserem persönlichen Culture Clash, der aus der Reiseaffäre zwischen einer Jüdin und einem Goj entstand.

Limor erzählte, dass sie und ihre Schwestern nicht-jüdische Liebhaber immer ihren Eltern verschwiegen hätten. Das wollte ich erklärt haben.

Na, weil solche Beziehungen sowieso praktisch unmöglich seien.

»Wieso?«

Sie werde zum Beispiel, sagte sie, nach Israel zurückgehen – die Familie lebte seit 15 Jahren in London –, um dort Kinder zu haben und sie in jüdischer Umgehung und Tradition aufwachsen zu lassen. »Könntest du dir das vorstellen?«

»Weiß ich nicht. Vielleicht«, antwortete ich. »Bis auf eines: Jeder Rabbi, der sich meinem Sohn mit einem Messer nähert, fängt eine.«

»Du spinnst wohl. Wenn das nicht jüdische Tradition ist, was dann?«

»Aber ein Rabbi macht es. Das ist Religion, und du hast gesagt, du bist nicht religiös.«

»Außerdem ist es hygienischer.«

»Wie wär's mit Waschen?«

»Und ...«

»Was?«

»Ich meine das jetzt nicht persönlich.«

»Was?!«

»Es sieht einfach besser aus.«

Ich bin also parziell entstellt. Und Rabbis sind in Wirklichkeit plastische Chirurgen, die mit Vorhäuten Millionen machen und den ganzen Tag Golf spielen.

Auf der kleinen Veranda unserer Hütte schliefen immer einige streunende Hunde. Manchmal waren es sieben, die uns wie alte Freunde begrüßten, wenn wir nachts über sie stolperten.

Als Limor weg war, kamen sie nicht mehr.

Das Wetter wurde noch schlechter.

## Gibt's was Neues?

Naja, und sonst.

Das Wetter ist jetzt endlich gut, nach zwei Wochen Regen. Jetzt, wo ich nicht mehr ins Wasser kann mit meinem blöden Fuß. Am Tag nach dem großen Unwetter hab ich ihn mir zerschnitten.

Was für ein Regen! Am Ende des Strands mündete auf einmal ein neuer Fluss ins Meer, dort, wo vorher ein halbes Restaurant gewesen war. Es hieß »Simple Life«, treffend, was?

Vor dem anderen halben Restaurant hingen Taucherbrille, Schnorchel und Flossen an einem Baumstamm – »For Rent« stand darunter.

Und der Fluss, durch den ich immer muss, wenn ich von Noks Bar heimgehe, und über den ich springen konnte in den ersten Tagen auf Koh Tao, war 6 Meter breit und ich stand bis zum Bauch drin und trat auf was.

»Du kannst es schon hier nähen lassen«, sagte Stuart, »im Dorf ist eine Krankenschwester. Vor ein paar Monaten hat sie einem Engländer was genäht, ohne Spritze. Dann hat's ihr nicht gefallen und sie hat's noch mal gemacht.«

Hochlagern hilft sicher auch.

Mit den Partys läuft das nicht so im Moment. Die Sache mit dem Fuß passierte nach einer Party, und bei einer anderen ein paar Tage vorher war ich aber so besoffen, so schlimm wie schon lange nicht. Und sie, die große schmale Australierin, tanzte so wunderschön. Ich erreichte glücklich eine Palme, an der ich parken und von der aus ich besser entzückt glotzen konnte.

Nach einer Weile lächelte mich das Mädchen an und tanzte in meine Richtung. Wie sollte ich jetzt einen geraden Satz herausbringen, auf Englisch noch dazu? Sie tanzte um mich herum.

Die Dusche über mir sah ich erst, nachdem sie sie aufgedreht hatte.

Und sonst. Peter ist in Penang für ein paar Tage, Visum neu machen. Alle, die länger auf der Insel sind, fahren alle zwei Monate kurz nach Malaysia. Die meisten arbeiten mit einem Touristenvisum, lauter Illegale.

Peter fehlt hier entschieden. Er kommt aus New Orleans, kennt alle Tarantino-Filme auswendig und hat ein Buch mit, das heißt: »Wie werde ich Drehbuchautor«. Er hat auch ein Heft, in dem er alle seine Ideen für sein Drehbuch notiert. Ich hab' ihn einmal etwas reinschreiben sehen, nachdem er auf dem Didgeridoo von Hans gespielt hatte. Hans war ein ruhiger, immer lächelnder Deutscher, der mit einem Bambus-Didgeridoo – keinem richtigen also, aber die sind billiger – geduldig herumwanderte, auf der Suche nach jemandem, der ihm ein paar neue Töne beibringen konnte. Irgendwann fand er einen Belgier? Dänen?, der das konnte, und zog mit ihm in die Berge.

Peter röhrte nachts am Strand stehend in den Bambus und sagte: »Das ist der Paarungsruf der Riesenqualle. Morgen leiden viele Taucher.« Dann kam er an die Bar zurück, verscheuchte eine Engländerin, die versuchte, ihn aufzureißen, und sagte: »Das muss ich aufschreiben.«

Die Kurzgeschichte von dem Thai, der sonnenbadende Urlauber mit Kokosnüssen erschlägt, und es dauert so ewig lang, bis sie ihm draufkommen, weil die Nuss ja tatsächlich von einer Palme gefallen sein konnte, hatte er nur im Kopf. Ich musste versprechen, sie ihm nicht wegzuschreiben.

»Sie finden ihn einfach nicht«, schlug ich vor, um zu beweisen, dass meine Absichten lauter waren.

»Was?«

»Lass ihn immer weitermachen.«

Peter schaute ins Leere. Dann sagte er: »Das ist gut.«

Peter arbeitet letzt auch bei »Scuba-Junction« wie Stuart. Die beiden sind Hausdiener. Dafür machen sie den Dive-Master-Kurs gratis.

Stuart ist schon seit zwei Jahren unterwegs und ein halbes Jahr auf der Insel. Vorher war er in London DJ in einem Trip-Hop-Club und hat Völkerkunde studiert. Fertig sogar. Er hat sich irgendwo auf seiner Reise cerebrale Malaria geholt. An der stirbt man möglicherweise. Beim ersten Mal hat er sie überlebt. Vier Monate Spital.

Nach der Party, auf der er mir das erzählt hatte, lagen wir beide mit Sanna am Strand und schauten Sterne.

»Ich möchte sterben wie Elvis«, sagte Stuart, »am Klo.«

»Mit einem Hamburger im Gesicht«, sagte Sanna. »Genau. Am Klo, hähä.«

Sanna war eine Schwedin, die diese Rätsel liebte, die zum Beispiel so gingen:

»Eine leere Telefonzelle. Der Hörer hängt herunter, in den Glaswänden sind zwei Löcher. Am Boden sind Wasser, Blut und außerhalb der Zelle Glassplitter. Was ist passiert?«

Man musste dann stundenlang Fragen stellen, die mit Ja oder Nein zu beantworten waren, um draufzukommen.

»Ist Schweden eigentlich in Europa?«, fragte Stuart. »Ich meine, in der Union?«

»Seit kurzem«, sagte Sanna.

»Heißt das, wenn ich jetzt nach London zurückkomme, wohnen in meinem Haus lauter schwedische Immigranten, die bis spät in die Nacht laut Knäckebrot essen und mit denen ich Esperanto reden muss? Vielen Dank. Seid ihr das eigentlich, die zuerst Buchstaben hinschreiben und sie dann durchstreichen?«

»Nein, das sind die Dänen.«

»Komische Leute, die Dänen«, sagte Stuart schließlich gähnend. »Sind die in Europa?«

Sonst: Den Hund, der bei Fabrice am Balkon gestorben ist, hat es nach zwei Tagen wieder angeschwemmt. Treues Tier.

Heute Abend ist keine Party.

Und es war ein Fischer, der seinem Freund vom Fang erzählen wollte. Der in der Telefonzelle.

Sonst gibt's eigentlich nichts.

In meinem Badezimmer war ein Skorpion.

## One Night in Bangkok

»Ich hab da was für ihre Geschichte!«, sagte der Finne.

Ich wusste gleich, jetzt kommt ein Hammer. Sein Lächeln nahm noch mehr Platz in seinem Gesicht ein als vorher. Seine Lippen schienen schon beim Sprechen an den Zähnen kleben zu bleiben. Beim Lächeln ging es rauf, einigermaßen. Aber es gab irgendwie kein Zurück.

Der Finne war außerdem ein Kollege. Er war für drei Wochen in Asien, machte einen Artikel über Thailand und eine Fernsehreportage über Goa in Indien. »Den Artikel hätte ich auch von zu Hause aus schreiben können. Der *Lonely Planet* ist ja wirklich unglaublich gut.« Das ist der Reiseführer, den neuneinhalb von zehn Asienreisenden besitzen (ich auch). »Und worüber schreiben Sie so?«, fragte er dann.

»Ooch, über alles, was ich so sehe.« Damit war er nicht zufrieden. »Ich könnte zum Beispiel über unser Gespräch schreiben.«

»Und das soll ich glauben?«

»O.k.«, lenkte ich ein, »war ein Scherz.«

Die Bar, in der mich der Kollege angesprochen hatte, war in der Khao San Road in Bangkok. In dieser Gegend ballen sich die billigen Hotels und es gibt keine Nightclubs und Bordelle, aber dennoch viele Prostituierte.

Der junge Mann links von mir, der seit geraumer Zeit Margaritas vernichtete, als hätte er mit ihnen eine Rechnung zu begleichen, flirtete mit einer. Sie sah wirklich umwerfend aus und ihr einziger kleiner Makel war – sofern man das als Makel sehen will –, dass sie ein Mann war.

Die meisten Thai-Mädchen auf der Khao San Road waren Ladyboys. Sie spiegeln nicht nur falsche Tatsachen vor – und das perfekt –, sie haben auch den Ruf, besonders gut mit Alkohol und Schlaftabletten umgehen zu können und sich so ein kleines Zusatzeinkommen zu erarbeiten.

Der/die Schöne hier verriet sich nur durch seine/ihre Hände. Aber da schaute der Margaritatrinker wohl nicht hin.

»Ich hab da was für Ihre Geschichte,« sagte der Finne also. »Im

… (er nannte den Namen eines Kaufhauses, den ich vergessen habe) haben sie einen Punk-Santa-Claus!«

Es war kurz vor Weihnachten. Wann sonst sollten sie einen haben? Und was hieß »haben«? War er lebendig, konnten kleine Thais also auf seinem Schoß sitzen und ihn an den Sicherheitsnadeln ziehen? Hatte er Batterieantrieb und sang Sex-Pistols-Potpourris?

»Tatsächlich?«, sagte ich interessiert.

»Ja!«, der Finne nickte begeistert. Der Mund würde ohne ärztliche Hilfe nie mehr zugehen. »Das müssen Sie sich ansehen. Für meine Leser ist das natürlich besonders interessant, weil Santa Claus ja ein Finne ist.«

»Spielt er nicht auch bei den ›Leningrad-Cowboys‹?«, sagte ich. Die kannte er nicht.

Der Junge von links, der mit dem Ladyboy, drängte sich zwischen uns. »Ich glaube, sie mag dich lieber«, sagte er zu mir und wies mit einem Kopfnicken über meine Schulter.

»Dazu«, sagte ich, »müsste sie erst einmal eine Sie sein.« Er war gebrochen.

»Holy shit«, flüsterte er und starrte die eben noch so Begehrte ängstlich an. Er war aus Sydney und auf dem Weg nach London. Als er sich erfangen hatte, wollte er wissen, wo er in Europa die willigsten Mädchen finden könnte.

»Finnland«, sagte ich und reichte ihn an den Kollegen weiter.

»Kann ich mir eine Zigarette ausleihen?«, hörte ich wenig später von hinter mir. Es war ein rundlicher Schwarzer. Er komme aus dem Sudan, sagte er. Jetzt waren wir eine unschlagbare Einleitung für einen blöden Witz. Stehen ein Finne, ein Australier, ein Sudanese und ein Österreicher an einer Bar.

Der Sudanese erzählte, er sei schon seit zehn Jahren nicht mehr zu Hause gewesen. Vor Thailand habe er in Ägypten, Pakistan und Malaysia gelebt. Als Nächstes wolle er nach Malta.

»Malta?«

»Ich muss den Papst sehen. Ich bin Moslem, aber dieser Mann ist mein Idol.«

»Er ist aber selten auf Malta.«

»Ich weiß, ich bin ja nicht blöd. Er ist in der Nähe dieser Stadt, wo diese große Kirche ist.«

Der Finne hatte mit einem Ohr zugehört und ließ jetzt von dem Australier ab. Er legte dem Sudanesen die Hand auf die Schulter und begann: »Das Problem des Mittleren Ostens ist ...«

»Ich bin nicht aus dem Mittleren Osten«, unterbrach ihn der Sudanese herablassend. Der Finne sah mich verstört an.

»Stimmt«, sagte ich hart, »der Sudan ist nicht im Mittleren Osten.« Der Finne runzelte die Stirn.

»Aha.« Dann wandte er sich wieder dem Sudanesen zu.

»Jedenfalls, das Problem des Mittleren Ostens ist ...«

Den Australier sah ich nach dieser Nacht nicht wieder, der war ja nach London und vermutlich Helsinki weitergezogen.

Den Sudanesen sah ich noch zweimal. Einmal in Begleitung zweier Polizisten in derselben Bar. Er hatte eine blutige Schramme unter dem rechten Auge und suchte den dafür Verantwortlichen. Beim zweiten Mal sagte ich: »Wie geht's deinem Auge?«

»Besser«, sagte er. »Motorrad, Mann. Ich bin mit dem Motorrad gestürzt.«

Er log überhaupt ganz gerne. Ein Mann, den er mir als aus demselben Dorf im Sudan kommend verkauft hatte, war in Wirklichkeit aus Kapstadt. Und es stimmte auch nicht, dass der Sudanese selbst gemachte Keramik verkaufte. Irgendwas wird er schon verkauft haben.

Auch den Finnen traf ich noch einmal. »Haben Sie den Punk-Santa-Claus gesehen?«, war das Erste, das er sagte.

»Oh, nein.«

»Aber Sie haben gesagt, Sie schreiben nur über das, was Sie selbst sehen.«

»Ich bitte Sie«, sagte ich, »wir sind doch Kollegen.«

Sein Lächeln blieb hoch im Raum stehen.

## Die Geschichte des P.

Der junge Mann sah nicht aus wie die anderen Touristen.

Er hatte zu viel an. Er trug sogar ein Sakko in der Abendschwüle Bangkoks. Er war bleich und vermittelte ein Bild regloser Angespanntheit in der alkoholgetränkten Ausgelassenheit, die rund um ihn die Bar beherrschte. Er starrte abwesend in sein Cola, bis ich ihn fragte: »Ist dir langweilig?«

Er fuhr zusammen und brachte keine Antwort heraus, nur ein Achselzucken und ein ungelenkes Rudern mit den Armen. Ich nahm noch einen Anlauf. »Woher kommst du?«

Er nannte ein ehemaliges Ostblockland – ich musste ihm später versprechen, weder dieses noch seinen richtigen Namen zu schreiben. Sie werden bald verstehen, warum. In dieser Geschichte heißt er Pavel.

Als ich Pavel sagte, woher ich käme, antwortete er: »Dann können wir ja Deutsch reden.« Sein Deutsch war perfekt, er sprach es mit sächsischem Akzent. Er unterrichte es sogar, meinte er, neben Englisch und Französisch. Davon lebe er seit zwei Jahren, so lange sei er in Thailand.

Das klang alles durchaus beeindruckend. Aber was stimmte mit diesem Mann nicht? Er sah mich kaum an, während er mit mir sprach, er war nervös, fast gehetzt. Es wurde erst besser, als wir über Fußball redeten. Es hatte so begonnen:

»Schöne Haare hast du«, sagte Pavel.

»Danke.«

»Ich hatte auch lange Haare, weißt du. Hab sie aber abgeschnitten wegen der Hitze. Wenn du blond wärst, würdest du wirklich aussehen wie Kurt Cobain. Oder nein, kennst du Alain Sutter? Hat einmal bei Bayern München gespielt. Ist jetzt bei Freiburg.«

Es stellte sich heraus, dass er über Fußball so gut wie alles wusste. Er wusste, welche Österreicher jetzt in Deutschland spielen und wo – mir war das alles neu. Er wusste, dass Österreich '78 und '86 Deutschland geschlagen hatte (»'86 war aber nur ein Freundschaftsspiel. Da haben sie den Matthäus durch Ausschluss verloren«), er wusste, dass

Österreich vor ein paar Monaten in Schweden gewonnen hatte (»Hat mich schon überrascht«). Er legte plötzlich eine Lockerheit an den Tag, die vorher völlig gefehlt hatte.

Später fragte ich ihn, was er gemacht habe, bevor er nach Thailand gegangen war.

»Philosophie studiert. Kennst du Nietzsche?«

»Na ja«, sagte ich, »nur in groben Zügen.«

»Ich bin jedenfalls Nihilist. Ich glaube nur an das Nichts.«

Dann begann er über die Thais herzuziehen. Was für ein berechnendes, brutales Volk sie seien.

»Du musst einmal zum Thai-Boxen gehen. Wie sie da wetten und alles. Wie Tiere führen sie sich auf. Primitiv. Außerdem sind sie Rassisten.«

»Ah«, sagte ich, »und was bist du?«

Kein Rassist, meinte er, es sei einfach so, wie er sage. Die Wahrheit eben.

»Und wenn diese Leute so unmöglich sind, warum bist du dann noch hier?«

Er beantwortete das genauso wie meine allererste Frage. Achselzucken und komisches Herumfuchteln. Und dann sagte er völlig unvermittelt: »Ich hab dir vorhin nicht die Wahrheit gesagt wegen meiner Haare.«

Ich verstand nicht.

»Ich musste sie abschneiden, um seriöser auszusehen. Und das Geld, mit dem ich hierhergekommen bin – es war nicht sauber.«

»Was meinst du damit? Hast du wen umgebracht?«

»Indirekt vielleicht.« Ich schaute ihn nur an. Was würde jetzt kommen?

»Ich hab was transportiert.«

»Drogen?«, fragte ich. Er nickte. »Wie?«

»Ich hab 14 Kondome geschluckt, mit je 50 Gramm Heroin drin.«

Fast ein dreiviertel Kilo. Ich habe keine Ahnung, wie viel das wert ist. Ein Vermögen jedenfalls.

»Warum erzählst du mir das?«, fragte ich – er kannte meinen Beruf.

Wieder das Achselzucken. Er hatte seine Bauchladung von Trinidad nach Amsterdam gebracht und 7000 Dollar dafür bekommen.

»Was war das für ein Gefühl? Hattest du keine Angst, erwischt zu werden?«

Mit einem Mal spielte er den coolen Typen, der er aber eindeutig nicht war. »Ach, ist doch nichts Besonderes. Hast du eine Ahnung, wie viele Leute täglich mit Heroin im Magen in der Welt herumfliegen und wie wenige sie tatsächlich erwischen?«

»Ich kann's mir vorstellen.«

»Die einzige Gefahr ist, dass ein Kondom platzt. Das spürst du und du weißt – in zehn Minuten bin ich tot.«

»Wie war das Runterschlucken?«, fragte ich.

»Das erste Kondom ist schlimm. Dann geht's.«

»Kann man da überhaupt noch was essen?«

»Ja, wenn du unbedingt willst, schon.«

»Und das Abliefern, wie war das?«

»Die haben schon auf mich gewartet in Amsterdam und mich gleich in ein Hotel gebracht. Dann hab ich literweise Abführtee getrunken. Und das Rausscheißen war der absolut beste Teil an dem Ganzen.«

»Und wer waren ›die‹?«

»Hör mal, du fragst so viel. Du bist doch nicht etwa ein Bulle oder so?«

»Bin ich. Undercover.«

»Die sind ganz gefährliche Leute. Mit denen darfst du nicht blöd herummachen.«

Er erzählte mir eine grauenhafte Geschichte von ermordeten Babys, die mit Heroin ausgestopft und anschließend verschickt würden. »Schweine sind das, ganz skrupellose Schweine. Und ich hab für diese Schweine gearbeitet. Was hältst du jetzt eigentlich von mir?«

Ich war vorerst einmal sprachlos. Vorerst. Denn die Geschichte von Pavel, dem Body-Packer, war noch nicht zu Ende.

## »Banana Bar«

Die »Banana Bar« lag in einer schummrigen Seitengasse des Bangkoker Touristenghettos Khao San Road.

Sie war eigentlich nur eine Mauernische, gerade ein Tisch hatte Platz. Ein paar andere standen auf der Straße. Techno dröhnte und es wurde offen und viel gekifft. Die Gäste waren überwiegend Touristen, versonnen bis lächelnd bis völlig hinüber. Einige freundlich zerfledderte Thais komplettierten das Gemälde.

Auf der Khao San waren oft Polizisten, die sich mit aller gebotenen Strenge den mobilen Imbissständen und der Reinheit der Straße widmeten. Wenn man einen Zigarettenstummel wegwarf, fasste man möglicherweise eine Strafe von etwa 65 Euro aus. 100 Meter entfernt schien sich niemand Sorgen zu machen, eine Uniform könnte auftauchen.

Dafür gab es möglicherweise einen Grund.

Pavel, der Mann aus Osteuropa, hatte mich an dem Abend, an dem ich ihn kennengelernt hatte, hierher gebracht. Im Verlauf einer sehr eigenartigen Nacht erzählte er dann, dass er das Geld, mit dem er nach Thailand gekommen sei, vor zwei Jahren mit einem Herointransport in seinem Magen verdient habe.

Ich sah Pavel danach täglich. Gleich neben meinem Hotel war eine zur Straße offene Bar, die rund um die Uhr Betrieb hatte. Dort saß Pavel. Immer. Geistesabwesend, stumm und immer. Aber nüchtern, er nahm keine Drogen und trank kaum Alkohol.

»Was machst du eigentlich in Bangkok?«, fragte ich ihn einmal, denn er hatte erzählt, eigentlich in Pattaya zu leben.

Er müsse noch Geld eintreiben, das ihm jemand für Sprachunterricht schulde. Der komme in ein paar Tagen wieder, vielleicht morgen. Dann fahre er nach Pattaya zurück.

Eines Abends fragte Pavel, ob ich mit ihm in die »Banana Bar« käme. Er sei dort verabredet, es ginge um sein Geld. Das Lokal war voll. Wir zwängten uns auf eine Bank.

»Ah«, sagte Pavel, »der Drogenboss von Bangkok ist auch da.«

»Den kennst du?«

»Kennen nicht. Ich weiß nur, dass er es ist.«

Er ließ mich herumraten, wer es sein könnte, bis er sagte: »Erinnerst du dich, hier beim letzten Mal auf dem Sessel von jemandem gesessen zu sein?«

Ich erinnerte mich. Es war auch voll gewesen und ich hatte den einzigen freien Platz übernommen, bis ich verscheucht wurde: »Kann ich meinen Sessel zurückhaben?«

Der Mann war da, ja. Er war vielleicht 35, hatte einen hochordentlichen Kurzhaarschnitt, trug Lacoste, telefonierte oft mit seinem Handy und flirtete mit Touristinnen. Er war kein Thai.

»Woher kommt der?«, fragte ich.

»Aus einem Volk, das um einen eigenen Staat kämpft.« Pavel liebte es, mich raten zu lassen.

»Kurde?«

»Nicht weit daneben. Palästinenser.«

Der Boss war der Einzige an seinem Tisch, der so smart aussah. Die anderen hätten jedem schlechten Krimi entsprungen sein können.

»Der mit den langen Haaren war vor zehn Jahren Mister Iran.«

Der Mann hatte den lächerlichsten Vorne-kurz-hinten-ganz-lang-Haarschnitt, den ich jemals gesehen habe. Und er trug massige, stark behaarte Arme zur Schau. Neben ihm saßen ein Schwarzer, der das Format eines Schrankkoffers hatte, und zwei Thais mit eingeölten Haaren und Sonnenbrillen.

Ich ging kurz auf die Khao San zurück, um Zigaretten zu kaufen. Als ich wiederkam, saß Mister Iran auf meinem Sessel und sprach mit Pavel. Ich konnte nicht hören, worüber.

»Pavel«, fragte ich, als der andere dann weg war, »was ist hier im Gang?«

»Frag lieber nicht.«

»Ich frage aber. Du hast mich schließlich hierher geschleppt.«

»Na gut«, meinte er dann, »ich hab dir nicht die Wahrheit gesagt.«

Das hatte ich nun doch schon ein paar Mal gehört.

»Ich bin pleite und ich warte nicht auf Geld für Sprachunterricht.«

Er sitze deshalb den ganzen Tag in dieser Bar, weil er sich kein Zimmer mehr leisten könne.

»Ich fliege wieder«, sagte er schließlich, »für 4000 Dollar.«

Er wollte noch einmal mit Heroin gefüllte Kondome schlucken und so transportieren. Dafür konnte man in Thailand lebenslänglich bekommen. Und sollte ein Kondom platzen, war er tot.

»Finde ich sehr nett, dass du mich da reinziehst«, schnauzte ich ihn an – Mister Iran schaute mich eindeutig zu oft an.

»Er hat nach dir gefragt«, sagte Pavel, in einem Ton, als müsste mich das stolz machen.

»Großartig. Ich hoffe, du hast ihm gesagt, wer und was ich bin, und er kommt heute Nacht in mein Hotel und bricht mir die Beine, als kleine Warnung.«

»Ich habe gesagt, du bist in Ordnung. Außerdem weißt du nicht, wann und wohin ich fliege. Ich werde doch noch mit einem Freund hier sitzen dürfen.«

Freund. Er sah das wirklich so. Ich sah ihn kaum einmal mit jemandem anderen sprechen. Er war arbeitsscheu und im Begriff, schon wieder etwas Illegales und Gefährliches zu tun. Er war aber auch ein armer Hund, mit einer vollkommen verkorksten, unaufgeräumten Persönlichkeit. Er musste entsetzlich allein sein.

Ja, er tat mit leid.

»Tu's nicht«, sagte ich, »versuch, aus Thailand wegzukommen. Geh nach Hause.«

Er schwieg. Nach einer Weile sagte er dann: »Ich bräuchte ja nicht viel. Heute habe ich wieder meine Lieblingsserie gesehen. Jedes Mal denke ich mir – das wär's, genau das.«

Er sprach von »Unsere kleine Farm«.

Am nächsten Tag saß er noch einmal in seiner Bar.

Danach sah ich ihn nie wieder.

# VIETNAM

## Stille Nacht

Einmal war ich zu Weihnachten in Maria Alm. Und einmal in Santa Elena de Uairén. Dem in Venezuela.

Das war auch exotisch.

Diese Weihnachten litt ich in Saigon an eckigem Konfetti. Es war aus Plastik, klebte ausgezeichnet, juckte inbrünstig und etwa jeder zehnte Bewohner Saigons bewarf mich damit.

Sie bewarfen sich gegenseitig natürlich auch. Aber sobald sie den mit der komischen Nase sahen, ließen sie voneinander ab und hatten alle gemeinsam viel für ihn übrig. Alte Frauen und junge Buben entleerten strahlend ihre Hände an mir und vermittelten mir durchaus das Gefühl, ohne mich wäre Weihnachten ein bisschen weniger schön gewesen.

Die Stille Nacht ist in Saigon ein Straßenfest. Und eine Leistungsschau von Honda. Wer ein Moped besitzt, fährt spazieren.

Also jeder.

Die Straßen waren von Hondas verschüttet. Festlich gekleidete Vietnamesen betrachteten andere festlich gekleidete Vietnamesen auf Hondas und bewarfen sie sporadisch mit eckigem Konfetti.

Sanft dahinschnurrende Endloswürmer von Mopeds verfädelten sich an Kreuzungen scheinbar unauflöslich ineinander, um sich in elegant präzisem Chaos dann doch wieder zu trennen. Fußgänger wurden umflossen, sofern sie keine unvorhergesehenen Bewegungen machten.

Es war mein erster Tag in Saigon. In den folgenden stellte ich fest, dass sich Weihnachtswahnsinn und Alltagsverkehr nicht allzu auffällig voneinander unterschieden. Aber es gab wenigstens kaum Autos. Daran muss Honda noch arbeiten.

Nach der Konfettilawine brachen Saigons fliegende Händler mit all ihrer Verkaufsmacht über mich herein.

Im Verlauf eines nicht allzu ausgedehnten Abendessens traten an meinen Tisch: ein junger Mann, der Benzinfeuerzeuge mit sinnigen

Sprüchen und garantiert echte Schweizer Taschenmesser aus China verkaufte.

Eines seiner Prunkstücke, auf die er besonders hinwies, war ein Feuerzeug, auf dem Donald Duck sagte: »Fuck Charlie!« Charlie war im Krieg der Kosename der Amerikaner für die Vietcong-Kämpfer.

Anschließend kam die erste von mehreren Frauen, die alle dieselben drei Bücher anboten. Den *Lonely-Planet*-Reiseführer für Vietnam, den Sprachführer und Graham Greenes *The Quiet American,* ein Roman, der in Vietnam zu Zeiten der französischen Besatzung spielt. Es waren alles Raubkopien, die nur einen Bruchteil des Originalpreises kosteten, und man konnte sie alle brauchen.

Der *Lonely Planet* war außer bei Franzosen und Japanern fast Monopolist. Einige Tage später sah ich an einem winzigen, unscheinbaren Restaurant den Hinweis: »We are in Lonely Planet. Only one in Vietnam. Other one is not real«. Na dann.

Dem ersten von mehreren kleinen Buben, die Zigaretten verkauften, folgte ein junger Mann, der Benzinfeuerzeuge hatte, und ihm der erste von mehreren Zeitungsverkäufern. Die hatten ein geniales Angebot, das von der *Welt* über *Libération* zu *Newsweek* reichte. Die *Herald Tribune* war sogar vom selben Tag.

»With compliments from Cathay Pacific« war auf sie gestempelt – die Fluglinie Hongkongs.

Dann erschien der alte Mann mit der traurigen Geschichte. »Ich war im Krieg auf der falschen Seite und darum haben mich die Kommunisten 15 Jahre eingesperrt. Jetzt habe ich keinen Job und keine Wohnung und Malaria. Ich lebe im Spital und kann es nicht mehr bezahlen. Könnten Sie mir helfen und diese Postkarten kaufen? 25 000 Dong für zehn.«

Die Geschichte konnte stimmen. Und dieselben Postkarten kosteten in Geschäften 10 000 Dong (etwa 1 Dollar).

Nach mehreren Feuerzeugen setzte ein kleines Mädchen mit Fächern den Einkaufsbummel fort. Meine unvorsichtige Frage nach dem Preis führte dazu, dass mir die Kleine zehn Minuten lang zuckersüß lächelnd die Hand tätschelte und dabei immer wiederholte: »How much?« Sag schon deinen Preis, Nase!

Dean, ein krankhaft sonniger und nicht von zu viel Sensibilität belasteter Australier, der mich im Hotel kennengelernt hatte und mit mir aß, legte schließlich 500 Dong auf den Tisch und sagte: »Ich gebe dir 500, wenn du endlich gehst.« Sie ließ den Schein liegen und zog schnaubend ab.

»Dean«, sagte ich unsonnig österreichisch, »setz dich an einen anderen Tisch.«

Ich hätte es besser ganz ernst gemeint. Dean sollte sich in der Folge zwei Wochen lang in mich verbeißen und mich mit seinem ewig freundlichen Gesicht foltern.

Vor dem Restaurant warteten viele Cyclo-Fahrer, weil in Saigon überall viele Cyclo-Fahrer warten. Cyclos sind Fahrräder mit einer Art Baggerschaufel vorne, zur Fahrgastunterbringung.

»Marihuana?«, raunten die Fahrer, einer nach dem anderen, wenn man an ihnen vorbeiging. »Opium?«

Saß man einmal in der Schaufel, dauerte es kurz, bis von hinten die Visitenkarte eines Bordells ins Gesicht wuchs. »Nice girls, massage, very cheap. I bring you there, o.k.?«

Meine erste Cyclo-Fahrt am Heiligen Abend führte zu einem Puff, zu dem ich nicht gewollt hatte. Nur sechs Mal nein sagen galt als ja. Das stand nicht im Sprachführer.

Weihnachten endete spät in einer Bar namens »Rolling Stone«. Dean redete unaufhörlich, aber es machte nichts, weil die Musik von den Rolling Stones zu laut war. Ich kam gerade mit zwei Schweizerinnen ins Gespräch, als die Musik zu *Sisters of Mercy* wechselte.

»Ah, ›Mission‹«, sagte die eine, »die sind gut.«

Die andere wollte wissen, woher ich käme. Dann sagte sie:

»Alle Wiener sind Arschlöcher.«

Ich hatte kein eckiges Konfetti mehr.

## Flüchtige Begegnungen

Saigon, Busbahnhof.

Ein Mann betastet meine Nase. Er zupft an den Haaren auf meinem Unterarm und überprüft die Echtheit all dieser weißen Haut, indem er sie zwischen Daumen und Zeigefinger rollt. Er lehnt sich an mich und stellt fest, dass mein Schlüsselbein dort ist, wo er aus ist.

Schließlich vergleicht er unsere Füße. Seine sind größer. Das ist ihm unerklärlich. Noch zweimal drückt er seinen Fuß an meinen, schüttelt den Kopf und bedeutet mir dann, dass mit mir etwas nicht in Ordnung ist. Nach seinem Dafürhalten sollte ich in etwa Schuhgröße 54 haben, um ein harmonisches Gesamtbild abzugeben.

Endlich reißt er sich von meinem erstaunlichen Körper los, grinst und sagt: »Bum-Bum?«

Das Kürzel für: »Brauchst du ein Mädchen?«

Saigon, Busbahnhof, immer noch.

»Entschuldigen Sie, Sir, dass ich Sie belästige. Mein Englisch ist sehr schlecht«, sagt der junge Mann mit den dicken Brillen in gutem Englisch. »Was halten Sie von Vietnam?«

»Ich kenne noch nicht viel von Vietnam, die Menschen jedenfalls sind wunderbar.«

»Und was halten Sie vom Kommunismus?«

»Der hat wohl nirgends so richtig funktioniert«, sage ich ausweichend. »Was halten Sie vom Kommunismus?«

Er zögert. »Wir brauchen Freiheit«, sagt er schließlich, »aber ich muss das Gespräch jetzt beenden, mein Englisch ist wirklich zu schlecht.«

Po Klong Garai, 300 Kilometer nordöstlich von Saigon, selber Tag.

Im Schatten eines Baumes neben den 700 Jahre alten Ziegeltürmen der Cham, einer Kultur, die mehr als ein Jahrtausend lang weite Teile Vietnams beherrschte, sitzt ein alter Mann.

»Ich komme seit drei Jahren jeden Tag hierher. Ich habe keine Wahl, ich muss die Menschheit irgendwie warnen.«

»Wovor?«

»In den fünfziger Jahren hat eine Frau in Vietnam eine Maschine erfunden, mit der man Gedanken kontrollieren kann. Ich war das erste Opfer. Aber heute stehen selbst der amerikanische und der russische Präsident unter Kontrolle.«

Die Frage, wo denn diese Maschine jetzt sei und wer mit ihr arbeite, überging er.

»500 000 Amerikaner waren im Krieg hier.« (Es waren sogar weit mehr, über drei Millionen.) »Keiner hat was bemerkt. Und in Vietnam denken alle nur an Popmusik und Fußball. Es ist zum Verzweifeln.«

Ich war auch ratlos, was man in dieser Sache unternehmen könnte.

Po Klong Garai, 15 Minuten später.

»Österreich«, sagt das Mädchen, »das ist in der Nähe von Belgien, oder?«

Seit ich die vietnamesischen Namen für Australien und Austria weiß, komme ich ja nicht mehr aus Sydney. Australien ist »OP«. Österreich heißt »AU«, und das finde ich nicht unzutreffend.

»Ja, Belgien ist nicht so weit weg«, sage ich.

»Kannst du mir dein Land aufzeichnen?«, bittet sie.

Sie ist 18 und kommt zu den Türmen, wann immer sie kann. Es sei der einzige Platz in der Umgebung, an dem man Fremde finden könne, um mit ihnen Englisch zu üben.

Ich entwerfe ein freies Österreich im Sand, mache Deutschland kleiner, Italien stiefeliger, arbeite mich über ein völlig deformiertes Frankreich nach Belgien vor. Inzwischen umringen uns mehrere Jugendliche.

Meine Entdeckerin schaut in die Runde und sagt strahlend: »Au!«

Ich werde eingeladen, eine Expertise über die Entwicklung der Wirtschaft Vietnams abzugeben (Alles wird gut. Bald.) und mein Wissen über Philadelphia weiterzugeben (Keine Ahnung. Kalt wahrscheinlich). Dort lebten zwei ihrer Brüder und die wollten, dass sie nachkäme. Aber sie sei nicht sicher. Wenn es dort kalt sei, schon überhaupt nicht.

»Ich möchte dich meiner Familie vorstellen«, sagt sie schließlich, »komm mit zum Essen.«

»Das wäre eine große Ehre für mich. Aber mein Bus fährt gleich weiter, ich muss gehen.« Ich verabschiede mich, sie ruft mir nach:

»I will miss you forever, you are so polite.« Ich werde dich immer vermissen, du bist so höflich.

Nha Trang, noch weiter nördlich, am Abend desselben Tages.

Nha Trang ist das bestentwickelte Strandressort Vietnams und auf dem Weg, wie Thailands Pattaya zu werden. Eine Bordellstadt, mit europäischen Männern, die Geld, und asiatischen Mädchen, die keine Wahl haben.

»Ich kenne eine Bar, in der musst du nur für das Bier bezahlen. Die Mädchen sind gratis. Du kannst alles machen, was du willst«, sagt der Cyclo-Fahrer. Er hat auf Guam Englisch gelernt, einem amerikanischen Militärstützpunkt im Pazifik. Dann war er bei den »Special Forces« und jetzt stinkt er schlimm nach Alkohol.

»Gut«, sage ich, »ich will essen. Bring mich in ein Restaurant.«

»Keine Bar? Stimmt was nicht mit dir?«

Nha Trang, Restaurant.

»Same same Madame«, kichern die Kellnerinnen über meine langen Haare, befühlen sie der Reihe nach und befinden, sie seien viel schöner als ihre, weil nicht so ekelhaft schwarz.

»Wie viele Kinder hast du?«, fragt eine.

»Keine.«

»Oh. Und wo ist deine Frau?«

»Ich habe keine.«

Die Lächeln rundum sterben ab. Ein Mann ohne Frau verdient alles Mitleid dieser Welt.

»Du bist ganz allein?«

»Ja.«

»Das ist sehr traurig.«

Dann gehen alle weg.

## Kaffee mit Onkel Ho

Das Wasser, das zu meinem Kaffee wurde, war schon braun, bevor es zu meinem Kaffee wurde.

Es mochte mit der Farbe des Can-Tho-Flusses zu tun haben, der ein paar Schritte neben meiner Tasse vorbeikroch. Er war breiter als die Donau und doch nur einer der vielen Arme, in die der gigantische

Mekong zerbricht, bevor er ins Meer mündet. Der Mekong ist so groß, dass er Flut und Ebbe hat. Und er führt so viele Sedimente mit, dass er jedes Jahr bis zu 80 Meter Meer einfach zuschüttet.

Ein paar von diesen Sedimenten waren halt jetzt in meinem Kaffee. Aber nach zehn Monaten unter dem Terrorregime von Instantkaffee ist jeder Schwebstoff willkommen, sofern er in Kaffee schwimmt, der diesen Namen auch verdient. Und das tut vietnamesischer Kaffee. Er ist herzerfrischend stark und zähnebrechend süß, also genau so, wie ihn Menschen mit Geschmack immer und überall gerne hätten.

Kaffee und Baguettes. Es war nicht das Schlechteste, das von den Franzosen zurückblieb, als Ho Chi Minh sie vor mehr als 40 Jahren endlich aus dem Land prügelte.

Ich trank meinen Kaffee hinter dem Rücken von Ho Chi Minh. Er stand am Flussufer, wie an vielen Flussufern, Plätzen, Kreuzungen. Er war riesig, silbrig glänzend, und wenn man nur flüchtig hinsah, schien er keine Hände zu haben. Er schaute gütig. Und in die Richtung, in der die Klassenfeinde nicht so obszön auffällig mit Geldverdienen beschäftigt waren.

Die Vietnamesen haben immer noch viel Respekt für ihren Onkel Ho, wie sie ihn nennen. Aber nicht für den Kommunismus, den er gebracht hat.

Als die Landwirtschaft noch kollektiviert war, produzierten die Bauern gerade so viel, wie sie selbst brauchten. Aber seit sich der vietnamesische Kommunismus marktwirtschaftlich gibt, füttert alleine das Mekong-Delta nicht nur 80 Millionen Vietnamesen, sondern leistet auch den wichtigsten Beitrag dazu, dass das Land der drittgrößte Reis-Exporteur der Welt ist. Das Delta ist so fruchtbar, dass es drei Ernten im Jahr hervorbringt.

Und unsereiner hält das Marchfeld für guten Boden.

Hinter Hos silbernem Rücken war der Markt von Can Tho. Am Pier davor balgten sich die langen, schmalen Boote der Bäuerinnen um einen Platz zum Entladen von Gemüse und Früchten. Es waren tatsächlich fast nur Frauen, die den Fluss bevölkerten. Sie trugen Kegelhüte aus Stroh und sie ruderten im Stehen, ihr ganzes Körpergewicht gegen zwei langstielige Ruder werfend.

Am anderen Ufer schwebten riesige Reklametafeln wie Raumschiffe über knorrigen Holz-Stelzenhäusern. Hewlett Packard. Samsung. Tiger Beer. Von Sony hatte sich nur das Ypsilon gehalten. Nachts leuchtete es blau und ein wenig verloren.

»Schlange«, sagte die Kellnerin im Restaurant neben Ho Chi Minh. Sie war eine rundliche, entschlossene Chinesin.

»Schlange ist das Beste.« Schlange war auch das Teuerste.

»Gut, also Schlange«, sagte ich. »Gebraten.«

Im Delta gibt es einige Schlangenfarmen, die die Restaurants im Süden versorgen. Im Norden essen sie eher Waldi, wenn es einmal etwas Spezielles sein soll. Meine Kobra war ein bisschen zäh. Ich habe lange nachgedacht, womit man den Geschmack vergleichen könnte. Es fällt mir nichts ein. Am ehesten Krokodil, aber das wird Ihnen möglicherweise auch nicht entscheidend weiterhelfen. Jedenfalls war die Schlange alles in allem nicht übel.

Der Besitzer meines Hotels meinte später, ich hätte am falschen Ort Schlange gegessen. Schlange müsse frisch sein, ganz frisch. In ordentlichen Schlangenlokalen suche man sich sein Essen zuerst einmal im Käfig aus. Dann werde es enthauptet – ganz wichtig: Sofern es giftig war, nicht gleich mit dem Kopf spielen, der kann noch eine halbe Stunde später beißen! – und einmal das Blut mit Reiswein gemischt getrunken. Dieses Getränk haue einen potenzmäßig ziemlich nach vorn.

»Ich habe sieben Freundinnen«, sagte er, einen Beweis für die Wirksamkeit der Schlangentherapie liefernd.

»Sieben!«, antwortete ich voller mitmännlicher Bewunderung. »Muss anstrengend sein. So viel Schlangenblut kannst du doch gar nicht trinken!«

»Ach, das ist nicht das Problem. Aber sie dürfen nichts voneinander wissen. Das ist anstrengend.«

Männer und ihre ganz persönlichen Realitäten. Manche Dinge sind überall auf der Welt gleich.

»Ich hatte auch schon ein paar Touristinnen«, fuhr er fort. »Aber für die sind ja vietnamesische Männer nicht so interessant. Wir sind klein.« Ich sagte nichts.

»Wir haben auch kleine Schwänze.« Er grinste so breit, dass seine Augen unter den Wangen verschwanden.

»Tatsächlich«, sagte ich.

»Ja, nicht so wie ihr. Aber für dich müssten vietnamesische Mädchen interessant sein. Die sind auch klein.«

Ich versprach, darüber bei einem Achtel Blut nachzudenken.

»Schlange«, sagte am nächsten Abend dieselbe Kellnerin im selben Restaurant. »Schlange ist das Beste.« Sie erkannte mich nicht wieder. Wir Weiße sehen eben leider alle gleich aus.

Ich aß keine Schlange. Nie mehr. Aber ich trank noch oft Kaffee mit Onkel Ho. Ich saß meistens hinter ihm, bis das Café zusperrte – gegen zehn, da sperrte alles zu –, und betrachtete das Ypsilon am anderen Ufer. Sonst gab es in Can Tho am Abend ja nichts zu tun – dachte ich.

Das vibrierende Nachtleben fand ich erst, als ich Cao Minh Tuan aus Michelstadt, Deutschland, kennenlernte. Aber das ist eine andere Geschichte.

## Nachtschicht

Cao Minh Tuan war 19, als er aus Vietnam flüchtete. Er kam auf einem Fischkutter nach Hongkong, einer von vielen tausend Boat-People, die Glück hatten. Wie viele weniger Glück hatten, kann man nur erahnen. Die Boote waren in den seltensten Fällen wirklich seetauglich. Ein Sturm genügte. Cao und seine Fluchtgefährten hatten Wasser für zwei Wochen. Das ging sich gerade aus.

Die meisten Flüchtlinge wollten nach Amerika. Cao bewarb sich um ein Visum für Deutschland und hatte wieder Glück. Nach – nur – einem Jahr im Lager war er in Deutschland. Andere warteten viel länger. Viele vergeblich.

Cao fand Arbeit in einer Reifenfabrik und lebt jetzt seit fast zehn Jahren in Michelstadt in der Nähe von Frankfurt. Als ich ihn in Can Tho traf, besuchte er gerade seine Familie. Erst zum zweiten Mal in zehn Jahren. Anfangs durfte er nicht. Aber mittlerweile ist die Liebe der Regierung zu den früheren Landesverrätern neu entflammt. Denn die haben jetzt ja etwas, das Vietnam gut brauchen kann. So buntes Papier mit Ziffern drauf.

Eigentlich hatte Dean, mein australischer Mitreisender, Cao kennengelernt. Er war sogar Gast bei einem familiären Abendessen. Nach diesem sagte er: »Es war ja sehr nett, aber ich konnte mit niemandem reden, außer mit Cao. Aber der spricht auch sehr schlecht Englisch. Sag, kannst du eigentlich Deutsch?« Ich hielt das für einen Scherz.

»Ein bisschen.«

»Das ist gut, vielleicht kannst du dann besser mit ihm reden. Ihr Europäer sprecht so viele Sprachen, es ist erstaunlich. Wo hast du Deutsch gelernt?«

Dean war vor seiner Reise gerade mit dem Studium fertig geworden. Buchhaltung. Aber immerhin, Akademiker. Australien ist halt weit weg von Europa. Und es gibt ja wirklich sooo viele Sprachen. Ist verwirrend.

Als ich mich über Dean lustig machte, versuchte er zurückzuschlagen.

»Wie heißt die Hauptstadt Australiens?«

»Canberra. Und man spricht dort Englisch, glaube ich.« Danach gab er Ruhe.

Wir trafen Cao am nächsten Abend. Er hatte unvietnamesisch halblange Haare und war kräftig gebaut. Seine beiden Brüder, die er mitgebracht hatte, unterstützten den gleichen Körperbau noch mit Bodybuilding. Das war zumindest ein lokaler Trend. Im Hof meines Hotels war auch ein Trainingsraum, in dem den ganzen Tag eifrige Buben am Hantelstemmen waren.

An der Wand hing ein Poster von Samantha Fox. Die hat ja auch einiges aus ihrem Body gemacht. Und sie hält sich in manchen Teilen der Welt erstaunlich lange. Zuletzt hatte ich sie in einer recht trostlosen Junggesellenwohnung auf Sansibar getroffen.

Cao hatte beschlossen, mit uns in eine Diskothek zu gehen. Er brachte uns zu einem Hotel, einem der besten in Can Tho. Das will nun aber auch wieder nicht so viel heißen, der Tourismus im Mekong-Delta ist zum Glück noch nicht aufs »Sheraton« gekommen. Es war ein sozialistischer Plattenbau, glatt, zehn Stockwerke hoch. Nichts wies auf eine Diskothek hin. Aber sie war da, im sechsten Stock.

15 Mädchen saßen gelangweilt herum, ansonsten war das Lokal leer. Sie trugen sexy westliche Kleidung und kleine Namensschilder.

»Wir besorgen euch gleich einmal zwei«, entschied Cao.

Ich bestellte meine gleich wieder ab, aber Dean konnte nicht hören, worüber wir sprachen, weil die Musik zu laut war. Also fand er sich eine Minute später neben einem gequält lächelnden Dekolleté wieder. Das war ihm entsetzlich peinlich.

»Sag ihm, er kann sie anfassen. Kein Problem.« Ich saß zwischen Dean und Cao.

»Du kannst sie anfassen. Kein Problem«, richtete ich aus.

»Ich will aber nicht«, maulte er, »ich weiß nicht einmal, was ich eigentlich mit ihr reden soll.«

»Erzähl ihr doch irgendwas über Buchhaltung«, schlug ich vor.

»Sag mal«, fing er nach einer Weile wieder an, »glaubst du, das ist eine Prostituierte?«

»Was denkst du?«

»Was weiß ich. Sie hat ein Namensschild. Vielleicht arbeitet sie hier als Tanzpartnerin für die Gäste.«

Die Tanzpartnerinnen tanzten tatsächlich, inspiriert von einer Live-Band, die in einer dunklen Nische Geräusche erzeugte. Stumpfe Gesichter dort, stumpfe Gesichter auf der Tanzfläche. Cao hatte es sicher gut gemeint, aber so wirklich erhebend war das nicht.

Schließlich sprach einer der Musiker etwas ins Mikrofon, das nach einer wichtigen Ankündigung klang. Einer von Caos Brüdern stand auf und ging zur Bühne.

»Jetzt singt er«, sagte Cao. »Er singt gut«, fügte er stolz hinzu.

Singen ist eine der großen Leidenschaften der Vietnamesen. Die japanische Krankheit hat das ganze Land verseucht. Überall tritt man auf Karaoke-Bars. Caos Brüder hatten dort offenbar viel geübt. Der andere sang dann nämlich auch. Für mich klangen beide Lieder gleich, triefende Liebesschnulzen, gesungen mit derselben hohen Knabenstimme aus einem massigen Körper.

»Na, was sagst du?«, fragte Cao.

»Gut«, sagte ich, »wirklich sehr gut. Aber ich bin sehr müde. Ich war heute lange am Fluss. Ich glaube, ich hab zu viel Sonne erwischt.«

Das war gelogen, aber plausibel. Ich sagte Dean, dass ich gehen wollte. Er beugte sich über mich zu Cao:

»Ich gehe auch.«

Cao nickte. Dann sagte Dean: »Ich bin müde. Weißt du, ich habe heute zu viel Sonne erwischt.«

## Unter Freunden

Bevor ich nach Vietnam kam, traf ich in Thailand einige Menschen, denen man ansah, dass sie schon dort gewesen waren.

Sie trugen T-Shirts vom »Kim-Café Saigon« oder vom »Sinh-Café Saigon«. Sie berichteten bedauernd, dass Vietnam zwar landwirtschaftlich sehr schön sei, aber leider, leider schon furchtbar touristisch. Und die Vietnamesen seien immerwährend darauf aus, einem irgendwas anzudrehen, und auch nur dann freundlich, wenn sie ein Geschäft röchen.

Touristen sind ja immer nur die anderen.

Da waren andere in Vietnam. Und nicht gerade wenige. Außerhalb Saigons sah ich sie aber meistens nur vorbeifahren. Sie saßen in voll klimatisierten Bussen und wurden voll organisiert von einem Fotostopp zum anderen gekarrt.

30 Minuten Pagode, 30 Schlangenfarm, 30 schwimmender Markt. Nur andere im Bus, keine Vietnamesen.

Buchte man eine solche Abenteuertour mit engem Kontakt zur Bevölkerung, erwarb man Anrecht auf ein Gratisleiberl vom Veranstalter. Auf denen stand dann meist »Kim-Café Saigon«. Manchmal auch »Sinh-Café Saigon«. Im Kim-Café durfte ich einmal miterleben, wie zwei deutsche »andere« bittere Klage führten. Man hätte ihnen T-Shirts zugesagt, als sie sich für die Dreitagestour im Mekong-Delta entschieden. Jetzt heiße es plötzlich, T-Shirts gäbe es erst ab vier Tagen. Hätte man das vorher gewusst, man wäre zu Sinh gegangen.

Das Leben des Individualreisenden ist wirklich voller Fallstricke.

Unerklärlicherweise fühlte ich mich in Vietnam so willkommen wie bisher nur in einigen afrikanischen Ländern. Chau Doc war der Höhepunkt.

In Chau Doc schien man von meiner bloßen Anwesenheit so begeistert zu sein, dass es mitunter anstrengend wurde. Die einzigen Orte, an denen ich nicht sofort im Zentrum geballter allgemeiner Freundlichkeit stand, waren die Fernsehsalons. Vietnamesen sind eifrige Fernseher. Da sich aber die wenigsten ein eigenes Gerät leisten können, gibt es viele öffentliche Fernsehplätze. Schuhschachtelkinos mit dicht gedrängten Sitzreihen.

Die absolute Lieblingssendung war eine historische Karate-Seifenoper made in Hongkong, von der offenbar jeden Abend eine Folge lief. Niemand gab auch nur einen Laut von sich, außer vielleicht ein schmerzliches Seufzen, wenn sich einer der Helden nach Überwindung 50 ruchloser Feinde von den anderen 50 eingekreist sah und sich somit in sein Schwert stürzen musste. Ich hätte daneben Hampelmänner machen können und niemand hätte mich beachtet.

Außerhalb dieser Salons krähte es unablässig aus Cafés, Hausfluren und von Fahrrädern:

»Hello! How are you? Where are you from?«

»Xin chao! (Hallo!)«, antwortete ich artig und im Minutentakt.

»I'm from AU. How are you?«

Strahlen. Für eine weitere Konversation reichte das Englisch dann meist nicht aus.

Manchmal hingen Kindertrauben an meinen Armen und Beinen, nicht bettelnd, nur »Hello«-Kanons brüllend. Eines Abends wurde ich von 20 enthusiasmierten Kleinfans zum bisher größten Open-Air-Konzert meiner Karriere verpflichtet. Ich saß am Hauptplatz in einer der mobilen Fruchtsaftbars, die bei Einbruch der Dunkelheit aufgebaut wurden und um zehn wieder verschwanden.

Nach und nach wuchsen mir Kinder zu, und ich weiß nicht mehr, wie es dazu kam, dass ich von ihnen dazu angehalten wurde, eine halbe Stunde lang immer wieder dasselbe Lied zu singen. A cappella, mit Klatschunterstützung.

Es ist nicht gut für mein Image, aber ich muss zugeben, dass es sich um »No Limit« von »2 Unlimited« handelte. Ich habe keine Ahnung, wie vier Textzeilen davon in mein Hirn gekommen sind. Ich versuchte auch anderes, »American Pie« und was mir halt so einfiel. Kam nicht an. Das kannten sie nicht und außerdem wollten sie tanzen.

Ich hatte mehr Applaus als '91 beim Stadl-Rock in Stripfing.

Man lud mich auch ständig zu Bieren und Reisweinen ein. Auf dem gleich neben Chau Doc völlig unvermittelt aus der Ebene wachsenden Berg namens Sam fiel ich drei Männern in die Hände, die mir vietnamesisches Freundschaftstrinken beibrachten.

Der Berg glühte in der Nachmittagshitze und ich kann mich dunkel erinnern, dass Chau Doc von oben wie eine Insel aussah. Rundherum stand alles unter dem Hochwasser des Mekong, beinahe der Normalzustand für Chau Doc. Vier Überschwemmungen jährlich hat man dort im Schnitt. Das ganze Wasser links vom Berg war Kambodscha.

Die Männer tranken also Reiswein mit mir, einer nach dem anderen. Wir teilten ein Glas, exakt halbe-halbe. Ich dachte, es bliebe bei einer Runde. Aber wir waren gute Freunde.

Zum Glück hatten sie nur eine Flasche.

Anschließend stoppte mich eine Familie, durch deren Küche der Fußpfad führte. Sie aßen gerade Flusskrabben und setzten mich vor einen vollen Teller. Als ich mit dem Panzerknacken begann, starben sie fast vor Lachen. Man isst Krabben in Chau Doc, wie sie sind. Mit Schale, mit Augen, mit Eingeweiden. Es war knusprig, aber ziemlich bitter. Machte also die halbe Flasche Reiswein doch noch Sinn.

Nachdem ich alle meine Krabben niedergerungen hatte, machte mir die Frau, die sie gekocht hatte, einen Heiratsantrag. Ich könnte dann auch jeden Tag Krabben haben.

Ich überlegte lange.

# ❁ HONGKONG

## Shopping City Ost

Dass der Redaktionsschluss nicht immer mein Freund ist, liegt meistens am Einstieg.

»Städte haben eine Seele. Hongkong hat eine Kreditkarte.« Metaphernpokalverdächtig.

»Zu Hongkong fällt mir nichts ein.« Gestohlen.

»Die ganze Welt sorgt sich um Hongkong. Ich nicht.« Was wird Bill Clinton sagen, wenn er das hört?

Der Anflug. Der Anflug ist neutral und kommt in jeder mittelmäßigen Hongkong-Geschichte vor.

Mein Anflug führte an der Südseite von Hongkong Island und vielen sehr hohen, schlanken Apartmentblocks vorbei. Dann unternahm er eine ausgeprägte Warteschleife nach Südosten, weit über das dunkelgrüne südchinesische Meer, folgte dann vielen hohen Apartmentblocks auf der Nordseite von Hongkong Island. Knapp bevor er in Kowloon zu Ende ging, rückte links die Skyline des Victoria Harbour ins Bild. Dieses eine Foto, das man kennt von Hongkong, meistens bei Nacht. Das andere Foto, das man kennt, habe ich auch gemacht. Die Skyline von der anderen Seite aus, vom Victoria Peak gesehen, meistens bei Nacht.

Schon schön.

Auf dem Berg steht auch nur ein Shoppingcenter, moderat vierstöckig. Ist wirklich zurückhaltend für eine Stadt, die aus Shoppingcentern besteht.

Das chinesische Neujahr war ja einige Wochen später als unseres. Knapp vorher las ich in der *South China Morning Post* eine dieser Umfragen, was man sich denn vom nächsten Jahr so wünsche. Der Albtraum jedes Jungjournalisten. Überhaupt, wenn die Antworten so facettenreich ausfallen.

Mehr Geld! Zu 100 Prozent.

Sie strömen aus ihren Apartmentwaben, summen flink durch die

Häuserschluchten, das Mobiltelefon wie einen Staffellaufstab in der Hand haltend. Schnellschritt. Sechs Millionen und ein Ziel. In der Zeit, in der man sich hinter jemandem, der schon länger wartet, für ein Taxi anstellt, könnte man das Geschäft seines Lebens verpassen. Also ran an den Feind. Wer zuerst die Hand an der Schnalle hat, hat gewonnen.

Wenn ich ein, zwei Monate später als versprochen in Wien auftauchen sollte, mach' dir keine Sorgen, Mutter. Ich stehe nur in Hongkong und kriege kein Taxi.

Die Profis hier suchen überhaupt Deckung hinter Mistkübeln oder so und springen dann die Schnalle an, wenn sie noch in Bewegung ist. Sie lassen sich 50 Meter weit mitschleifen – und haben ein Taxi. Das bring' ich noch nicht. Wird schon werden.

Wobei, manchmal stehen die Hongkong-Chinesen auch Schlange. An Bushaltestellen immer. Und einmal sah ich eine ganz lange, vor dem Louis-Vuitton-Geschäft in dem Shoppingcenter, das um das »Peninsula«, dieses absurd teure Superklassehotel, herumgebaut ist. Das Geschäft war nicht einmal so voll. Aber draußen standen genau 17 Menschen, die darauf warteten, dass die Handtaschen bitten ließen.

Wirklich beeindruckend.

Mein Hotel war ja etwas weniger Superklasse. Es lag in der Nathan Road in Kowloon, einem der anstrengendsten Geschäftsviertel Hongkongs. Dort sind alle Unterkünfte, die unter dem laufen, was in Hongkong billig ist. Es ist nun einmal nicht viel Platz. Also ist Platz teuer. Mein Zimmer war so klein, dass ich meinen Rucksack ins Klo sperren musste, wenn ich die Eingangstür öffnen wollte.

An zwei Tagen schlief ich länger als bis zehn. Beide Male stand die Zimmerwirtin an meinem Bett und wollte das Zimmer für den Tag bezahlt haben. Als sie mit dem Geld abzog, versperrte sie die Tür wieder hinter sich. Schon aufmerksam. Sonst kommt am Ende einfach wer rein.

Von meinem Fenster aus sah ich das dritte Foto, das man von Hongkong kennt. Einen Teil der Neon-Nudelsuppe von Kowloon, die riesigen chinesischen Leuchtreklamen. Ich sah auch die Karaoke-Bar, die vor ein paar Monaten ausgebrannt war. Ein paar Straßen weiter brannte eine, während ich in Hongkong war. 17 Tote. Karaoke ist die mit Abstand liebste Freizeitbeschäftigung der Jugend hier. Die Bars bezahlen alle Schutzgeld an die Hongkong-Mafia. Fast alle.

Die Verkehrslage musste ich nicht weiter von meinem Fenster aus betrachten, über die war ich stets am Laufenden. Ich wollte mich nicht darüber beklagen. Hongkong ist laut, aber es gibt Schlimmeres. Dann las ich, dass Elton John bei der Feier der Übergabe Hongkongs an China nun doch kein Open-Air-Konzert geben wird.

Prinzipiell ist natürlich jedes abgesagte Elton-John-Konzert ein Gewinn. Nur der Grund war eigenartig. Man wollte die Lärmschutzbedingungen nicht verletzen. Ein Abgeordneter regte an, die Zuschauer mit Kopfhörern auszurüsten.

Schon mal in Kowloon geschlafen?

Aus derselben Zeitung erfuhr ich, dass in der bekannt starken und populären walisischen Fußball-Liga Llansantffraid zu Hause vor 115 Zuschauern gegen Cwmbran 0:1 verloren hat. Noch ist Hongkong zumindest lesbar britisch. Aber die letzten Beamten Ihrer Majestät fahren schon heim. Auf der *Queen Elizabeth II* und auf Staatskosten. Steht ihnen irgendwie zu.

Am 1. Juli 1997 übernimmt China, und was dann ist, weiß man nicht so genau. Die ganze Welt sorgt sich um Hongkong.

# INDONESIEN

## Stop Over Caorle

Es gibt da dieses kleine, abgeschabte Lokal in Kuta, das den altbalinesischen Namen »Silverfox« trägt. Es ist ein schlechtes Lokal.

An einer Wand hängt ein von vielen Jahren blaugestochenes Gemälde, das eine barbusige Balinesin zeigt. Eine blaue Hibiskusblüte in den Händen, eine im Haar. Daneben hängt ein Zettel, der an die

Hauptkundschaft gerichtet ist. »Aussie-Steak«. Aussie ist die Koseform für Australier, das Steak besonders groß und mit Spiegelei. Wieder ein Stück daneben steht ein leicht angeschrammter Kühlschrank.

Auf diesem kleben eine von der österreichischen Fahne halb überlagerte Europafahne und drei Buchstaben: SPÖ.

Genau die gleiche Pickerlkombination befindet sich auf einem weißen Bauarbeiterhelm, der von einer rundlichen Dame in Kuta getragen wird, wenn sie Moped fährt.

Hmm. Wer war das?, frage ich mich, seit ich das gesehen habe. Ich meine, wo zwei sind, sind vermutlich noch mehr. Wer fliegt mit Partei-Emblemen zum Verteilen nach Bali?

Ein Enthusiast.

Aber gibt's die noch?

Ein Profi. Mehrere Profis. Die Führungsriege der Gewerkschaft Bau/Holz auf Studienreise. »Erdbebensicheres Verputzen« in Bali und Rudolfsheim – ein Vergleich.

Oder eine Parlamentarierdelegation auf Fact-Finding-Mission. Irgendwelche Facts lassen sich hier sicher finden. Und Huren ganz leicht, denn die säumen nachts die Hauptstraßen und rufen: »Hello, Massa?«

Das ist nicht Suaheli, sondern heißt »Massage«. Ostasiaten verschlucken oft die Wortenden, wenn sie in einer fremden Sprache reden.

Ich wollte gar nicht nach Bali. Sondern auf die kleinen Sunda-Inseln weiter östlich. Der nächstgelegene internationale Flughafen zu diesen ist auf Bali, heißt Denpasar, nach der Hauptstadt, befindet sich aber in Kuta. Knapp vor der Landung las ich im Reiseführer: »Kuta ist das Touristenzentrum Balis.« Aber auch: »Kuta Beach ist der schönste Strand Balis.« Und dachte, was man sich nach über einem Jahr auf Reisen keinesfalls mehr denken sollte: Naja, wenn ich schon einmal hier bin.

Ich habe noch nie so viele Ramschläden, Straßenkeiler und Schweden auf einem Haufen gesehen. Vielleicht in Bangkok stellenweise – bis auf die Schweden, gegen die ich übrigens überhaupt nichts habe –, aber Bangkok ist auch ungefähr tausendmal größer als Kuta.

Besonders gut fand ich dieses eine Selbstverteidigungsleiberl, das es in allen Fetzenshops gab. Auf dem stand: »No! I don't want a f…ing watch, lighter, postcard.« Das ging gegen die Straßenkeiler. Man gewöhnt sich ja mit der Zeit an die in Europa gänzlich unbekannten, leicht nervenden Verkaufstaktiken dieser meist jungen Burschen in Asien. Aber zu den Horden in Kuta nett zu bleiben, war fast schon eine übermenschliche Leistung. Es war wie ein Slalom am Ganslernhang, mit Stangen, die an einem kleben bleiben, wenn man den Fehler begeht, sie auch nur anzusehen.

Außer Transport, wohin auch immer, Uhrenimitaten, Feuerzeugen, Postkarten, T-Shirts und Ähnlichem gab es auch noch Marihuana und Frauen im Bauchladen. Einer sagte zu mir:

»Mistah, you want my sistah?«

Ich habe noch nie so viele Restaurants gesehen, in denen den ganzen Tag über Filme liefen – auf Großbildleinwand oder sechs Fernsehern gleichzeitig –, außer in Bangkok. Manchmal ist das zugegebenermaßen ganz praktisch. Ich hätte sonst *Casino* nicht gesehen und *Seven* auch nicht. Obwohl, *Seven* beim Essen ist eine eigene Sache.

Aber ich wurde auf der anderen Seite schon je vier Mal von den Aliens in *Independence Day* und Tom Cruise in *Mission Impossible* attackiert. Cruise hörte ich wenigstens nie, der Straßenlärm war immer stärker. Oh, und zweimal hängte mir Demi Moore als Stripperin die Leistungen ihres plastischen Chirurgen in die Suppe. Dann wirklich lieber den Massenmörder von *Seven*.

Ich habe auch noch nie ein »Hardrock Café« gesehen, in dem eine philippinische Band Alanis, Alannis, Morissette, Morrisette, Morrissette – wie schreibt man die? – nachspielte. Wobei, das hatte schon wieder was. Sie waren nicht wesentlich schlechter als die Gute.

Ich habe schon viele ranzige Diskos gesehen, schließlich habe ich am Land pubertiert und musste einmal beruflich ins »Nachtwerk«.

Ich habe auch schon so viele Australier gesehen. In Australien. Für die Aussies ist Kuta, was Caorle für uns. »Es ist nah. Man kann surfen. Das Bier ist billig«, erklärte mir einer. Was will man mehr?

Der Strand! Den hätte ich jetzt beinahe vergessen. Er ist ewig lang und breiter als eine Autobahn. Aber wenn der schön ist, dann hat er, von der anderen PÖ, euch nicht belogen.

Ich wollte nach zwei Tagen wieder weg aus Kuta. Dann verschlief ich meinen Flug. Also wurden es vier. Manchmal ist Schlafen auch keine Lösung.

## Felix Austria

Dass ich bei der Ankunft auf Flores meinen beliebten Papst-Stunt machte, hatte nicht damit zu tun, dass diese Insel eine der wenigen Gegenden im islamischen Indonesien ist, in der überwiegend Katholiken leben. Es kam einfach über mich.

Der Papst-Stunt geht so: Man steigt aus einer kleinen Propeller-Fokker über eine Leiter ab, über die man gemeinhin aus einem Schwimmbecken aufsteigt. Man lässt gleich auf der obersten Stufe seine Beine nach hinten ausbrechen, wählt die Knie als Drehpunkt, lässt sich wie eine losgerissene Bahnschranke auf die Rollbahn knallen, küsst diese, weint nicht und wartet, dass einen jemand aus der Leiter zieht.

Das Schwierige ist, es ungewollt aussehen zu lassen, danach keinen Zahnarzt zu brauchen und sich an Rollbahngeschmack zu gewöhnen. Der ist eigen. Was man daran finden kann?

Der Bemo-Fahrer, der mich vom Flughafen in die sehr kleine Stadt Labuhanbajo brachte, meinte, es sei keine gute Idee, bei »Chez Felix« abzusteigen.

»Wieso nicht?«, fragte ich geistesabwesend, mich nach weiteren Schäden neben einer dicken Lippe und einer zerfetzten Hose absuchend. Er kriegte seine Provision wohl von einem anderen Hotel. Aber das konnte er mir ja schlecht sagen.

»Die haben heute eine Hochzeit. Julia heiratet einen Mann aus Österreich. Das ganze Dorf ist zur Feier eingeladen.«

Ich ließ mich woanders hinbringen und beschloss, am Abend mitzufeiern. War immerhin ein Landsmann. Ziemlich exotisch, in diesem entlegenen Weltwinkel.

Die Hauptstraße Labuhanbajos zog sich etwa einen Kilometer an der Küste entlang, auf einem schmalen, flachen Streifen, den das Meer zwischen sich und einer Hügelkette geschaffen hatte. Am Ufer drängten sich die Stelzenhäuser der Fischer. Familien waren damit beschäftigt, kleine silberne Fische streng symmetrisch auf Bambusbetten zum Trocknen aufzureihen. Die erwachsenen Männer wie Frauen meist in Sarongs, den indonesischen Allzweck-Wickeltüchern, beachteten mich kaum. Nur die Kinder krähten immer wieder: »Hello Mistah!«

Eine Bande kleiner Buben kratzte Klebebuchstaben von einem Hinweisschild ab und klebte sie in anderer Reihenfolge wieder hin. Sie konnten ihr Werk nur nicht wirklich lesen.

»Seto«, sagte einer bestimmt und tippte mit dem Zeigefinger auf das Ende des Wortes. »Seto«, wiederholte er mit der geballten Selbstsicherheit des Alphabeten.

Als sie mich sahen, zerrten sie mich zu dem Schild und gaben mir zu verstehen, ich solle das vorlesen.

»Rourticfnmatiortntenseto«, las ich pflichtschuldig, und sie kriegten sich nicht mehr ein vor Lachen. Es hatte vorher wohl »Touristinformationcenter« geheißen, was eine grobe Übertreibung darstellte.

In der Bucht dümpelten viele einfach gezimmerte Auslegerboote vor sich hin, das neue Kupferdach der kleinen Moschee glänzte scharf in der sengenden Nachmittagssonne, ein paar Buben spielten barfuß Ball, zwischen ihnen graste eine Art Rehbock.

Labuhanbajo war eine Erlösung nach Bali.

Aus einem stallähnlichen Gebäude drang das Klacken von Billardkugeln. Drinnen standen drei Pool-Tische auf gestampfter Erde. Etwa 15 Männer waren hier, einer von ihnen kam sofort zu mir und fragte, ob ich spielen wollte.

Er stellte sich als Franz vor. Zuerst dachte ich, ich hätte ihn nicht richtig verstanden, aber später fand ich heraus, dass deutsche Vornamen auf Flores ziemlich beliebt sind. Das Werk holländischer und deutscher Missionare. Manche sprechen sogar einige Brocken Deutsch.

Franz spielte erbärmlich, aber das war egal. Ich mochte die Atmosphäre und außerdem entlud sich in der Zwischenzeit ein schweres, nicht enden wollendes Gewitter. Der Regen trommelte Stakkato auf dem Wellblechdach. Als er kurz einmal nachließ, konnte ich einen Muezzin tapfer gegen ihn ansingen hören.

Nach zwei Stunden höflichen und friedvollen Spiels wollte ich gehen. Da meinte Franz, er bringe morgen zwei Touristen nach Komodo und Rinca. Die Inseln der Warane sind nur wenige Stunden von Labuhanbajo entfernt. Die beiden bezahlten je 100 000 Rupiah, mich nähme er für 75 000 mit. Das sind etwa 20 Euro, ein kleines Vermögen in Indonesien.

»Nein, danke«, sagte ich. Die normale Fähre nach Komodo kostete 4000.

»55?« Wie schnell manche Dinge billiger werden.

»Nein.«

Er versuchte etwas anderes. Ob ich auf das Hochzeitsfest gehe?

»Ja.«

Ich könnte dort zu Abend essen, sagte Franz, für Touristen koste das 5000 und ich könne das Geld gleich ihm geben.

Mein guter Franz enttäuschte mich doch ein wenig. »No money!«, fauchte ich so böse, dass er zwei Schritte zurückwich. Ich hätte Lust gehabt, noch mehr zu sagen, aber – ach, wozu.

Der Bräutigam hieß Sascha und war aus Kapfenberg. Ich redete nur fünf Minuten mit ihm, weil wir beide ziemlich im Stress waren. Er musste mit seiner Julia, flankiert von einigen Verwandten, auf einer Bühne sitzen, vor einer blauen Wand mit bunten Lichtergirlanden, und lange Reden ehrwürdiger Herren über sich ergehen lassen. Dann musste er Roccotenda – ich hoffe, das schreibt man so ähnlich – tanzen, einen Tanz, der mich an Südamerika erinnerte. Flores war lang portugiesische Kolonie gewesen. Danach musste er *Beautiful Sunday* singen. Und vieles mehr. Er schwitzte wie nach einem Marathon.

Ich musste alle Vorräte aufessen, Tuak, einen hinterhältigen Palmenschnaps, trinken, mit enthusiastischen Schülern Englisch üben und der Brautmutter zum Herzen zur Verfügung stehen, wann immer ihr danach war. Als Österreicher gehörte ich ja praktisch zu Saschas Familie. Der Einzige, der gekommen war.

Die beiden werden in Österreich leben. Viel Glück. Von Labuhanbajo nach Kapfenberg.

Dem Qualtinger wäre dazu sicher was eingefallen.

## Woran Waran war

Das Komodo-Wunderteam besteht aus fünf Japanern, zwei Deutschen, einem Australier, einem Schotten, einem Dänen, einem Österreicher.

»Gehen wir«, sagt der indonesische Betreuer und greift sich einen langen, gegabelten Stock. »Wenn wir aus dem Camp draußen sind: Nicht rauchen und nicht irgendwo in den Dschungel abbiegen. Das ist gefährlich.«

Beides?

»Und leise sein!« Wir trotten los.

»Ooh«, raunt der bärtige Japaner und starrt ehrfürchtig auf meine Kamera, als sei sie eine japanische Gottheit, »ooh, Nikon.« Auf der Gottheit steht ziemlich groß »Canon«.

»Das Kreuz«, sagt die Deutsche, eine dicke Frau in den Fünfzigern, zu ihrem Mann, »frag, was mit dem Kreuz ist, Peter.«

In der kleinen Hütte im Camp, in der ein paar Schaukästen mit Informationen über die Insel sind, hängt auch ein fleckiges Schwarz-Weiß-Foto, das ein Kreuz zeigt. »In memoriam Baron Rudolf von Reding« steht darunter. Peter fragt.

»Gefressen«, sagt der Führer düster.

»Gefressen«, übersetzt Peter.

»Hu!«, sagt seine Frau.

Der alte Baron unternahm 1974 allein einen Spaziergang, von dem er bis heute nicht zurück ist.

Wäre er zu Hause in der Schweiz einer hungrigen Eidechse begegnet, der europäische Adel hätte einen Schlag weniger zu verkraften gehabt.

Auf Komodo einer hungrigen Eidechse zu begegnen, kann eine blöde Geschichte sein.

Ausgewachsene Komodo-Warane sind 3 Meter lang, wiegen mehr als 100 Kilo, können aber trotzdem schneller rennen als jeder Baron und verfügen über einen Satz sehr gut funktionierender Zähne, mit denen sie angeblich einem Büffel in einem Versuch ein Bein durchbeißen können.

Das ist der Stoff, der Dia-Abenden von Castrop-Rauxel bis Nagasaki den letzten Schliff gibt. Ich habe überlebt! Unsere zoologisch interessierte Expedition verlässt das Camp und kann den Schnabel nicht halten. Vor allem die Japaner hinter mir scheinen einander Witze zu erzählen, der Aussie und der Schotte gleich hinter dem Führer haben auch viel auszutauschen. So geh ich gern durch den Dschungel!

Der Schotte vor mir tritt auf eine Wurzel, rutscht seitlich weg zu einer anderen – aber die ist kariert. Heller Nougat, dunkler Nougat, einen halben Meter von mir entfernt. Ich gefriere und denke eher asozial: Beiß ihn, nicht mich!

Der fröhliche Japaner hinter mir merkt nicht, dass ich stehen bleibe, rennt in mich rein und rammt sich meine japanische Gottheit in den Bauch. Die Schlange bleibt noch ein paar Sekunden und verschwindet dann im Gras. Der Schotte ist blass. Ich wohl auch.

Nach einer dreiviertel Stunde kommen wir zu einem Schild, auf dem steht: »Danger! Be quiet.« Der Japaner liest es laut und lacht »Hahaha!« Hinter dem Schild beginnt eine Lichtung, links auf ihr ist eine umzäunte Fläche, rechts ein ausladender Baum. In seinem Schatten liegen vier Warane. Sie beachten uns nicht im Geringsten. Wir gehen in den Käfig.

»Das sollen drei Meter sein?«, sagt die Deutsche.

Die Lederhaut der Warane ist dunkelbraun, nur rund um die Augen und das Maul gelb. Sie verbringen den Großteil des Tages reglos, entweder ruhend oder auf arglos vorbeistreunende Beute wartend. Warum es sie nur auf Komodo und der Nachbarinsel Rinca gibt, weiß man nicht. Hier haben sie jedenfalls keine Konkurrenz. Keine anderen Raubtiere und, von einigen Fischerfamilien abgesehen, keine Menschen. Die Inseln gehören ihnen.

»Das sind aber faule Viecher. Bewegen sich die nie, Peter?« Ich finde auch, sie sollten steppen.

»Und wenn wir Steine werfen, Peter?« Kameras surren und knacken. Eine blitzt.

»Mit Blitz darf er aber nicht, sag ihm das, Peter.« Peter schaut streng unter seinem grauen Wuschelhaar hervor, holt ein paar Mal Luft, traut sich aber dann doch nicht.

Die Kamera eines der Japaner macht Musik, offenbar immer dann, wenn sie erfolgreich fokussiert hat. Es ist ein Menuett, dessen Komponisten ich leider nicht weiß, aber wissen sollte, weil es einer meiner Wecker, der bisher noch jede(n) bei mir Übernachtende(n) beinahe in den Wahnsinn getrieben hat, auch spielt.

Es geht so: Dadadada di da da da didada …

Ich wusste, Sie kennen es.

Nach einigen Minuten stellt sich allgemeine Unzufriedenheit ob der Distanz Mensch-Bestie und der bestialischen Inaktivität ein. Vor allem der Menuett-Japaner drängt auf Nähergehung.

Wir verlassen den Käfig. Der Führer gabelt trockenes Gras auf und wirft es in die Nähe eines der Warane. Der steht auf und wackelt unendlich langsam darauf zu, Futter erhoffend und immer wieder seine dünne gelbe Zunge hervorstoßend, mit der er riecht.

»Schau mal Peter, mit Zunge!«

Dadadada di da …

»Was die für einen Bauch hat. Ist die schwanger, Peter?«

Warane legen Eier. Das soll bei Reptilien manchmal so sein.

Die Japanerin mit der Wegwerfkamera bedenkt nicht, dass sie auf dieser eine Weitwinkellinse hat. Als sie den Müll endlich einmal vom Auge nimmt, merkt sie, wie nahe sie dem Waran ist. Sie rennt kreischend weg.

Dadadada di da …

Dem Führer ist langweilig, er drängt auf Aufbruch. Am Rückweg fragt der Schotte, ob es auf Komodo Giftschlangen gebe.

»Oh ja. Kobras, Vipern, Grüne.«

»Und war die Schlange vorhin am Weg giftig?«

»Welche Schlange?«

## Autofahrer unterwegs

Ich wachte auf, als mir etwas auf meine nackten Füße rieselte.

Es fühlte sich an wie Reiskörner. Wahrscheinlich war einer der vielen Säcke geplatzt, die neben Hühnern, Schweinen und Menschen für eine zufriedenstellende Auslastung der Busse auf Flores sorgen. Die Schweine lasten meistens das Dach aus. Oder sie hängen seitlich beim Bus raus, die Beine zusammengebunden, Kopf nach unten.

Sie wirken selten restlos glücklich.

Der Regen hatte aufgehört. Als der Bus in der Stadt mit dem einigermaßen ultimativen Namen »Ende« weggefahren war, hatte ich noch möglichst reglos vor mich hingedampft und mich an dem blauen Plastik-Sitzbezug festgeschweißt. Nach etwa einer Stunde auf der schmalen Bergstraße nach Moni, auf der wir immer wieder notdürftig zur Seite geschobene Erdrutsche passierten und einen Bus, dem offenbar kürzlich ein Felsen aufs Dach gefallen war, begann es zu schütten. Wie jeden Tag bisher auf Flores. Die Regenzeit würde mit dem nächsten Vollmond vorbei sein, hatte mir ein alter Mann versichert. Jetzt war aber erst Neumond.

In den letzten beiden Tagen hatte ich 18 Stunden in Bussen verbracht und dabei gerade 200 Kilometer Luftlinie überwunden. An den Fahrern lag es nicht, die gaben alles, was sie hatten.

Ich habe ja die Theorie, dass es in Indonesien, Indien, Tansania oder Peru, und diese Liste ließe sich um einiges verlängern, diese Kommission gibt, die über die Vergabe von Busführerscheinen wacht. Vor ihr muss der Kandidat überzeugend darlegen, dass er aktiv praktizierender Geisteskranker ist.

Die Auslese ist hart. Nur die Besten kommen durch.

Bus- und vor allem Minibusfahrer auf Flores geben sich gerne Kriegsnamen, die in großen Glitzerbuchstaben auf der Windschutzscheibe kleben. »Samurai«, »Heavy-Metal-Kid«, »Destroyer«. Einer hieß »Rabies«, das englische Wort für Tollwut. Und so fahren sie eben auch. Angetrieben von klebrigem Softpop-Sirup, der in Stadionrock-Lautstärke aus beeindruckend großen Boxen trenzt.

Ich habe noch eine Theorie: Sie hätten ja alle gerne Reifen, die eine Profiltiefe über Null aufweisen. Aber die Boxen waren zu teuer.

Das langsame Vorwärtskommen lag einfach an der Topografie der Insel. Flores ist 380 Kilometer lang und zwischen 20 und 60 Kilometer breit. Auf dieser kleinen Fläche drängen sich 14 aktive Vulkane und was weiß ich wie viele erloschene. Das Terrain von Flores ist zerfurcht wie das Gesicht des späten Eddie Constantine.

Erst jetzt bemerkte ich, dass es der Frau vor mir nicht gut ging.

Das war nicht weiter bemerkenswert, denn nach meiner persönlichen, nicht repräsentativen Statistik ist Speiben ein integraler Bestandteil jeder Busfahrt auf Flores. Ich habe noch kein Volk erlebt, das so häufig und beiläufig sein Essen wieder hergibt.

Meistens sind es die alten Frauen mit den Betel-Zähnen. Die Betel-Nuss ist in weiten Teilen Asiens, was der Grüne Veltliner bei uns ist – das legale Massen-Rauschmittel. Man kaut die Nuss mit einer Reihe anderer Zutaten, die mit der Gegend variieren. Die Mixtur wirkt mild aufputschend, der Mund wird grellrot und man muss spucken wie ein Lama. Kaut man regelmäßig, werden auch die Zähne rot. Einige Zahnreihen, die mich auf Flores anlächelten, blitzten sogar in makellosem Métallisé-Rotschwarz.

Wenn ein Betel-Junkie zugeschlagen hat, passiert eigentlich nichts weiter. Steigt die Erleichterte irgendwann aus, setzt sich jemand anderer ungerührt auf den markierten Platz. Bei uns leeren sich ganze U-Bahn-Waggons.

Im aktuellen Fall kam einer der jungen Busbegleiter, die für die Verstauung des Gepäcks und die Eintreibung des Fahrpreises zuständig sind, mit zwei Hand voll Erde, um damit für Bindung zu sorgen.

Ich bat ihn auch um ein bisschen für meine Füße.

Ich wollte in Moni beim »Homestay Maria« abgesetzt werden. Als man mich aus dem Bus entließ, noch einmal mit einem bestätigenden »Homestay Maria!« versehen, stand ich da und konnte keine Maria finden. Da war ein »Homestay Friendly« und daneben eine Ruine. Ich dachte, sie sei ein Opfer des großen Erdbebens von 1992 und sah sie mir erst nach zwei Runden durchs Dorf genauer an.

Ein gigantisch großer Baum hatte dieses Haus zertrümmert. Der Großteil des Stammes lag noch da. Er hatte einen Durchmesser zwischen zwei und drei Metern. In dem Krater, den der herausgerissene Wurzelstock hinterlassen hatte, wühlten flinke schwarze Schweine im Schlamm und erschraken furchtbar über meinen Anblick.

Ein Stück daneben saß ein Mann, den Sarong weit über die Knie hochgezogen und zwischen den Beinen geschürzt. Er musterte mich ruhig.

»Großer Baum«, sagte ich. Er nickte.

»Lele-Baum. Der Name ist Lele.«

»War das ›Homestay Maria‹?«

»Ja.«

»Wann ist das passiert?«

Er zögerte ganz kurz und sagte dann langsam und feierlich, als spräche er vom indonesischen Unabhängigkeitstag:

»Am 8. Dezember 1996.«

»Zu viel Regen?«, fragte ich weiter.

»Zu viel Regen. Zu viel Wind.«

»Und ist wem was passiert?«

»Zwei Schweden. Im Schlaf gestorben.«

Ich fand ein Zimmer bei »Amina Moe«. Es war kein Baum in der Nähe.

## Bergkameraden

»Keli Mutu!«, schrie die Großmutter und hämmerte an meine Tür.

Es war halb vier Uhr früh. Oma stand jede Nacht um diese Zeit auf und trieb schlaftrunkene junge Europäer aus ihrem Haus. Den restlichen Tag verbrachte sie auf der kleinen Veranda, den Sarong bis zum Hals hochgezogen, mit ihren Enkeln oder den zahllosen zahnlosen Freundinnen Karten spielend und Kretek-Zigaretten paffend.

Der Tabak von Kretek ist mit zerstoßenen Gewürznelken gemischt. Sie schmecken wie Apfelkompott. In so gut wie jedem Land, in dem ich vorher gewesen war, waren Marlboro die beliebteste Währung nach dem US-Dollar. Wann immer ich in Indonesien jemandem eine Zigarette anbot und ihm die Wahl zwischen imperialistischen Rauchzeichen und heimischem Apfelkompott gab, gewann Apfelkompott.

Mir schmeckten sie auch besser.

Moni war ein winziges Dorf, das auf den ersten Blick allen anderen Dörfern auf Flores glich. Einige niedrige Ziegelhäuser, einige aus Bambus, eine große Kirche. Aber in Moni waren sie alle Pensionen. Die Kirche nicht.

Die Menschen in Moni waren wohl die reichsten auf der ganzen Insel, und das verdankten sie dem Keli Mutu. Der Keli Mutu ist einer der berühmtesten Berge ganz Indonesiens. Ein Vulkan, erloschen – obwohl ja schon so mancher erloschene Vulkan irgendwann einmal das Gegenteil bewiesen hat –, mit drei Kraterseen. Diese haben trotz ihrer Nähe zueinander drei verschiedene Farben und darüber hinaus die eigenartige Gewohnheit, ihrer Farben von Zeit zu Zeit überdrüssig zu werden und sie zu wechseln.

Vor etwa dreißig Jahren war einer blau, einer rotbraun und einer Milchkaffee. Einige Jahre später war der Milchkaffee ein großer Schwarzer, der Rotbraune auch und der Blaue blau. Ich erwartete, einen milchig Türkisen, einen Olivgrünen und einen Schwarzen vorzufinden. Aber auch das traf schließlich nicht ganz ein.

Verpasste man den Lastwagen, hatte man einen 14 Kilometer Fußmarsch zu gewärtigen und eine gute Chance auf dichte Bewölkung, wenn man endlich am Gipfel war. Aber Großmutter sorgte schon dafür, dass ich nicht verschlief.

Als ich zum Lastwagen kam, war er ein Bus. Der Lastwagen sei leider hin, sagte der Fahrer bedauernd. Und der Bus war voll.

»Komm rauf«, hörte ich eine weibliche Stimme vom Dach, »hier oben ist es sowieso viel besser als bei denen da unten.« Ich kletterte nach oben.

Ihr Name war Nathalie, sie kam aus Delft in Holland. Sie arbeitete eine Hälfte des Jahres auf Märkten und Volksfesten, verkaufte dort Schmuck. Die anderen sechs Monate reiste sie immer. Ein Dach, zwei Nomaden.

»Gefällt dir Delft nicht?«, fragte ich.

»Wir haben eine Porzellanfabrik«, sagte sie und lachte leise in den Fahrtwind.

Es war kühl. Ich hatte schon fast vergessen gehabt, wie frieren geht. Aber der Himmel war gewaltig.

»Orion«, sagte ich und zeigte auf mein Lieblingssternbild.

»Kochtopf«, sagte sie und zeigte auf ihres. Ich fand es nicht. Aber die zwei Einhörner, die sie am Straßenrand entdeckte, die sah ich auch.

Oben versammelte sich die ganze Gruppe auf einer kleinen Aussichtsplattform, die einem Maya-Tempel ähnlich sah, und fieberte lautstark dem Sonnenaufgang entgegen. Nur Nathalie saß abseits.

Der Busfahrer verkaufte Kaffee, der zwischen den Zähnen knirschte und den er in einer Thermosflasche hatte, damit er auch garantiert kalt blieb. Mächtige Wolkenwalzen rollten über die umliegenden Berge, und als die ersten Sonnenstrahlen durch die Zebrastreifenwolken am Horizont brachen, sagte der Deutsche neben mir:

»Boah, und ich hab mein Tele nich' bei.«

Die Engländer, die den größten Teil der Gruppe bildeten, fotografierten einander vor allem gegenseitig. Die Deutschen konzentrierten sich mehr auf die Szenerie. Eine dicke, resolute Bayerin posierte vor ihrem Freund, der seit geraumer Zeit versuchte, das winzige Stativ seiner Videokamera so mit Steinen zu untermauern, dass er einen geraden Sonnenaufgang nach Hause brachte.

Die anderen waren mit dem Bus wieder ins Tal gefahren oder hatten sich zu Fuß auf den Weg gemacht. Nathalie und ich umrundeten zuerst den Krater mit dem türkisen See, der unter uns dampfte, schmatzte und zischte. Ockergelbe Schwefelfahnen schwammen auf seiner Oberfläche.

Der olivgrüne See war vom türkisen nur durch eine dünne Felswand getrennt – und er war nicht mehr olivgrün. Seine seichten Ufer leuchteten Rot, weil sie mit hellem Fels unterlegt waren. Die tiefen Stellen waren satt dunkelbraun.

Als wir am Abgrund über ihm saßen, tauchte ein Einheimischer wie aus dem Nichts auf. Er trug einen langen, schlanken Bogen und einige Pfeile mit rostigen Metallspitzen. Einige hatten Widerhaken und wirkten sehr effizient.

Der Mann sprach nicht Englisch. Er setzte sich zu uns und wir saßen lange Zeit einfach schweigend nebeneinander. Manchmal versteht man sich auch ohne Worte.

Auf dem Fußweg zurück nach Moni, knapp vor dem Dorf, war ein kleiner, lauwarmer Wasserfall. Einige der Touristen, die am Berg gewesen waren, badeten an seinem Fuß.

Ein Stück entfernt, um eine Felsecke, war eine Art Dusche, von

Thermalwasser aus einer nahen Quelle gespeist. Dort wuschen sich einige Frauen aus dem Dorf, umständlich und verkrampft, weil sie es unter dem Sarong taten, den sie anbehalten hatten. Nacktheit, selbst die geringste, ist in Indonesien inakzeptabel. Nicht einmal kurze Hosen bei Männern sind wirklich gern gesehen – trotz der Hitze. An den Stränden Balis sonnen sich dennoch viele Europäerinnen oben ohne. Der Sonnengott ist eben wichtiger als die Gastgeber.

Nathalie behielt sogar ihr T-Shirt an, als sie ins Wasser ging. Auf einem Felsen gegenüber saß ein junger Indonesier, vielleicht 18, unbewegt starrend.

»Da sitzt er und wartet auf nackte weiße Frauen«, sagte ich. »Aber vielleicht säße ich auch da, wenn ich eine Weile in Moni lebte.«

Nathalie sagte nur: »Hundertprozentig.«

## Rufe der Romantik

Wodong ist nichts Besonderes.

Ein kleines Dorf, das sich in einem schmalen Dschungelstreifen zwischen Bergen und Meer versteckt. Der dunkelbraune Strand hat nicht das Zeug, zu einer Berühmtheit zu werden. Vor der Küste gibt es Korallenriffe, die man beschnorcheln kann. Aber viele von ihnen haben das große Erdbeben nicht überstanden, das vor nicht ganz fünf Jahren den Osten von Flores zum Katastrophengebiet machte.

Das Epizentrum des Bebens lag im Meer, 30 Kilometer draußen. Das war viel zu nahe. Eine 25 Meter hohe Flutwelle überrollte die Küstengebiete, die Stadt Maumere, ein Stück westlich von Wodong, wurde niedergewalzt, 3000 Menschen starben.

Der Grund, aus dem ich über Wodong schreibe, ist ein Gecko.

Geckos sind nichts Besonderes.

Kleine Echsen, die an Bäumen oder Wänden kleben und Insekten fangen. Ein südostasiatisches Hotelzimmer ohne Geckos gibt es möglicherweise. Aber das ist dann so teuer, dass es nicht wirklich in Südostasien ist.

Ich weiß nicht sicher, ob es ein Gecko war, der mich um vier Uhr früh am Strand von Wodong in meiner bedenklich schiefen Bambus-Stelzenhütte, deren Loch im Boden die Form meines rechten Fußes hatte, aus dem Schlaf holte.

Es könnte auch der Fischer gewesen sein, der nahe am Ufer vorbeipaddelte und ein der Uhrzeit unangepasst fröhliches Lied sang. Oder es war einfach nur die Blase.

Gleich, nachdem ich wach geworden war, schrie jedenfalls ein Gecko. Das tausendste, millionste schnarrende »Taktaktaktaktak« zum Einsingen, das ich auf dieser Reise gehört hatte, dann das helle »E!«, gefolgt von »Oooh!«, eine Quart oder vielleicht auch Quint tiefer, »E-Oooh!«, fünf bis sieben Mal, und mit ein bisschen Fantasie hört man sie ihren Namen rufen, laut und klar in die Nacht hinaus.

Dieser, der tausendste, millionste Gecko, löste einen akuten Anfall von Tropenromantik aus, der mich nicht wieder einschlafen ließ.

Wie sollte ich es jemals wieder ohne ihn aushalten können? Und ohne all die anderen, die einen nachts nicht vergessen lassen, dass man in den Tropen ist?

Romantik ist eine Waffe, die potenziell tödliche Moskitos, Kakerlaken in Mausgröße und Bettwanzen, von deren Anwesenheit immer erst diverse eigenartige Ausbuchtungen am Körper am Morgen danach zeugen, besser tilgt als DDT.

Kobras schrumpfen zu Blindschleichen, ich denke an die Ochsenfrösche, die mit ihrem lakonischen Chor die Nächte der Regenzeit in Thailand zerschnitten wie Bass-Alphörner.

Und ich ließe mich noch einmal von allen möglichen Gräueln mit Beinen beißen, stechen, anknabbern, könnte man mir im Austausch garantieren, noch einmal Fruchtfledermäuse beim Geschlechtsverkehr belauschen zu dürfen.

Wenn man mir nicht erklärt hätte, was da über mich hereinbrach, hätte ich mich auf Funksignale aus einer zwölf Milliarden Lichtjahre entfernten Galaxie versteift. Ich hätte nicht gedacht, dass etwas von dieser Welt ein solches Gewitter an nie gehörten Tönen hervorbringen kann.

Wer noch nie der fruchtfressenden Fledermaus beim Bumsen zugehört hat, kann nur eine vage Idee von Ekstase haben. Dieser Frau –

ich nehme einmal an, es war sie – muss die Schädeldecke davongeflogen sein. Nach meiner Erfahrung mit ihr werde ich mich in Zukunft zusammenreißen müssen, um nicht öfter so was zu sagen wie: »Mach' ich was falsch, Liebling?«

Da fällt mir ein, dass ich vor Jahren einmal so ein Tier gegessen habe, auf den Seychellen. Ich bereue.

Der andere Grund, aus dem ich über Wodong schreibe, ist auch ein tropenromantischer.

Fanni hatte hüftlanges, glänzend schwarzes Haar und ein unüberbietbares Lächeln. Ich streichelte einmal ihre Hand, und das war der durchschlagendste Erfolg, den ich bei asiatischen Frauen in sieben Monaten auf diesem Kontinent zu verzeichnen hatte. Meistens reden sie nicht einmal mit mir.

Gut, da war diese eine Nepalesin, die sich energisch interessiert zeigte. Aber die erinnerte mich stark an Vera Russwurm.

Und dann war da auch dieses entzückende Thai-Mädchen, das am Strand 200 Meter lang mit mir Händchen hielt.

Gut, eigentlich hielt sie sich fest. Lag mehr am Mekong-Whisky als an mir.

Da punktete ich fast mehr bei Männern. In Hoi An, Vietnam, verfolgte mich ein sehr junger Mann mit heißen Angeboten durch die nächtlichen Straßen. Ich blieb so lange freundlich ablehnend, bis er mich heftig in eine Brustwarze zwickte, offenbar überzeugt, dass mich dies umstimmen würde. Ich stellte ihm einen baldigen Genickbruch in Aussicht. Das half.

Und in Indonesien sprang mich einmal ein Kellner aus dem Halbdunkel heraus an und küsste mich. Anschließend bettelte er vor der Tür meines Hotelzimmers um Einlass.

Die letzte Frau, die das gemacht hat, ist 1988 in Pension gegangen.

Fanni arbeitete bei »Flores Froggies«, der Stelzenhüttenanlage. Sie war so schüchtern und anständig, wie es sich für ein Mädchen auf Flores geziemt. Ausnahmsweise erzähle ich jetzt eine Secondhandgeschichte, um zu verdeutlichen, wie Mädchen auf Flores sind.

Eine Engländerin berichtete von einer Friseuse, die ihr in Maumere die Haare geschnitten habe. Das Mädchen erzählte, dass es seit einem Jahr einen Freund habe. Vor einigen Tagen habe dieser die Frage gestellt, vor der sie sich schon lange gefürchtet habe. Selbstverständlich habe sie nein gesagt. Ob vielleicht sie, die Engländerin, das schon einmal gemacht habe? Und wie sei es gewesen?

Die Indonesierin war 21. Und ihr Freund wollte sie küssen. Auf die Wange. Nach einem Jahr. Geiler Bock.

Wenn ich Fanni Komplimente machte, schlug sie die Hände vors Gesicht und sprach eine Stunde lang nicht mehr. Aber sie lächelte.

Einmal sagte sie: »Indonesian girl no good.«

»Warum nicht?«

»Black skin.« Schwarze Haut. Ich sah für sie gut aus, einfach, weil ich weiß war. Und eine lange Nase hatte, nicht so eine grässlich flache wie sie.

Als ich Wodong verließ, saß ich drei Stunden am Straßenrand, erfolglos auf einen Bus wartend. Fanni saß die ganze Zeit neben mir und starrte wortlos zu Boden.

Vielleicht war sie traurig. Vielleicht mochte sie mich.

Aber woher sollte ich das wissen?

## Fährverkehr

Die Fähre zwischen Larantuka und Lamalera hatte Schlagseite.

Auf der saß ich.

Sie bestand auch, wenn ich auf die andere Seite ging.

Vor mir war ein breiter Schacht, durch den man bequem auf den Motor fallen konnte, wenn man wollte, und durch den die Abgase heraufwehten, die der Auspuff nicht erfasste. Neben dem Schacht ragte ein Bleistutzen aus den Planken, in dem ein Bambusrohr steckte, an dem ein Henkel war. Es handelte sich um die Pumpe. Etwa alle Viertelstunden griff sie sich irgendjemand und beförderte geschätzte 50 Liter Wasser nach oben.

Die Fähre zwischen Larantuka auf Flores und Lamalera auf Lembata verkehrt im Moment noch einmal wöchentlich. Mittelfristig wird sich der Fahrplan aber ändern, weil es der tapfere Kutter dann überstanden haben und gesunken sein wird.

Sinken scheint für eine Fähre im Staat der 17 000 Inseln die übliche Art der Außerdienststellung zu sein. Allein während meines Aufenthaltes in Indonesien wurden zwei von ihnen zu U-Booten, eine zwischen Sumatra und Borneo, eine vor Sulawesi.

Ich war der einzige Exot auf dem Schiff. An diese Situation bin ich mittlerweile schon gewöhnt, ich weiß jetzt zur Genüge, wie sich ein Schwarzer im 46er auf der Thaliastraße fühlt. Ist eben so als Fremder in entlegenen Gegenden.

Die Kinder starren unverhohlen. Die Erwachsenen heimlicher. Manchmal führen Mütter ihre Kleinen gefährlich nahe an die weiße Gefahr heran, lachen dann sadistisch, und wenn die Kinder schreien, flüstern sie ihnen etwas zu wie: »Wenn du nicht brav bist, kommt dich der holen.«

Mein erster Small-Talk-Partner – diesbezüglich hab ich's besser als der Schwarze im 46er – hieß Emmanuel. Das Gespräch verlief wie erwartet.

»Namat?«

»Rainer.«

»Woher kommst du?«

»Austria.«

»Ah, Wiena!« (In Indonesien kennt man gemeinhin nicht nur Österreich, sondern eben auch Wien. Dort wurde nämlich irgendein Vertrag zwischen Indonesien und Portugal über Osttimor abgeschlossen.)

»Bist du verheiratet?«

»Ja.« (Ich lüge mittlerweile immer bei dieser Frage, das macht das Leben hier wesentlich leichter.)

»Wie viele Kinder hast du?«

»Zwei.« (Siehe oben)

»Religion?«

»Katholisch.« (Siehe oben)

Der zweite Mann, der sich auf der Schlagseite zu mir gesellte, streckte mir die Hand entgegen und sagte strahlend: »Ich bin auch Backpacker.« Backpacker ist ein Rucksacktourist.

Diese Behauptung verwirrte mich ein wenig. Der Mann war ein Einheimischer mit melanesischen Wurzeln. Er hatte dunklere Haut als die Malayen, die im Westen Indonesiens leben, krauses Haar.

»Mein Name ist Ben«, sagte er.

»Ben?«, fragte ich, »Guru Ben?«

Ich hatte eine Adresse in Lamalera, zu der ich wollte. Ein Freund von mir war vor drei Jahren in dem Fischerdorf gewesen und hatte bei Guru Ben gewohnt, dem Englischlehrer.

»Guru Ben, ja«, sagte er verblüfft. Ich erklärte ihm, wie ich das erraten hatte. Er konnte sich noch an meinen Freund erinnern und ich hatte für den Rest der Überfahrt ausgesorgt.

Ben teilte sein Essen mit mir, kaufte mir sogar Eis, als wir kurz in Waiwerang auf der Insel Adonara anlegten, und erklärte mir das indonesische Schulsystem genauer, als ich es jemals wissen wollte. Der Mann liebt seinen Beruf.

Wir fuhren in der Zwischenzeit längst an der rauen Küste Lembatas entlang. Die Insel war eine unzugängliche Schönheit. Hellgrün bewachsene Vulkankegel, ausgewaschene Höhlen an der gezackten Felsküste, gegen die das kobaltblaue Meer antobte.

Ich kramte meine Kamera aus dem Rucksack. Der Indonesier, der mir gegenüber saß, verfolgte dies hoch interessiert. Als ich an ihm vorbei fotografierte, drehte er sich um. Da war aber nur die Insel, auf der er wahrscheinlich sein ganzes Leben verbracht hatte. Er drehte sich wieder zurück und schaute komisch.

Gleich danach kotzte auf der anderen Seite eine Frau mit roten Betel-Zähnen über Bord. Auf manche Dinge kann man sich wirklich immer verlassen.

Nach fünf Stunden kamen wir zu einer kleinen Bucht mit einem Dorf. Es war der erste Platz an der ganzen Küste bisher, der so etwas wie einen Strand hatte. Er bestand aus kopfgroßen schwarzen Steinen.

»Das ist noch nicht Lamalera«, sagte Ben, »aber ein paar Leute wollen hier aussteigen.«

Der Abholdienst waren vier Auslegerkanus, Anlegestelle gab es keine. Einer der Paddler hatte halblange Haare, eine Seltenheit zumindest in diesem Teil Indonesiens. Er trug ein Kopftuch, wie André

Agassi es hatte, bevor er sich zur Glatze bekannte, und seine Fingernägel waren in dem gleichen Orange lackiert wie sein Kanu. Das wiederum war keine Seltenheit. Viele junge Männer hier haben zumindest einen sehr langen Fingernagel, meistens am Daumen oder am kleinen Finger, und sie verwenden auch Nagellack. Oder so was Ähnliches.

Wegen der Ausleger an den Seiten konnten die Kanus natürlich nicht ganz bis an unser Schiff heran. Es war ein ziemlich großer Schritt für die Frauen, die hier umsteigen wollten, und das Meer war noch dazu sehr unruhig. So gut wie jede fiel fast ins Wasser, begleitet von vielstimmigen Entsetzensschreien.

»Können die Leute hier schwimmen?«, fragte ich Ben.

»Jaja«, sagte er. Nach einer Weile fügte er hinzu: »Also die Männer jedenfalls.«

Nachdem alle Passagiere an Land waren, folgte ihr Gepäck. Säcke, Kanister, Bretter. Ein Kanu fasste einen knallroten Plastiktisch und vier rote Plastiksessel aus. Ein anderes einige sichtlich schwere Lagen brandneuen Wellblechs, das in der Sonne gleißte. Der arme Junge hatte keinen Platz mehr zum Paddeln und bewegte sich in torkelnden Schlangenlinien auf das Ufer zu, unter dem Gelächter der Zuseher.

Beim nächsten Dorf wurde der ganze Kanu-Stunt wiederholt. Es war wirklich ungeheuer schwierig, bei diesem Seegang weder sich noch das Kanu zu versenken. Langsam dämmerte mir, dass es in Lamalera wohl auch keine Anlegestelle geben würde.

Am Strand von Lamalera lehnte ich meinen nassen Rucksack, während ich meine Hosenbeine auswrang, an ein weißes, rundes, poröses Ding, von dem drei Verzweigungen wegragten wie Rotorblätter.

Es war der Wirbel eines Wals.

## Fallweise Wal-Waise

Der Erste, den ich am Weg von Bens Haus hinunter traf, war ein kleiner Bub. Er schleppte mit beiden Händen einen Kübel Wasser und war drauf und dran, seine Shorts zu verlieren.

»Mistah!«, krähte er. Und als er an mir vorbei war, sang er: »Mistah loba loba.« Seine Version dieses Raps. Von diesem Rapper. Der aus der Jeans-Werbung.

Ganz schön rumgekommen, Rap!

Bens Haus lag auf einer Anhöhe, von der aus man weit über das Meer sehen konnte. Sogar ich hätte von hier oben zweifelsfrei einen Wal ausmachen und Alarm schlagen können. Zweimal identifizierte ich Delfine, was schwierig ist, weil die ja viel kleiner sind. Und es waren beide Male auch höchstens hundert. Kaum zu sehen praktisch.

Ben, der Englischlehrer, hatte vier kleine Zimmer für Touristen. Am Gang hing eine Uhr, die mit dem Bild einer Kuh auf einer Almweide unterlegt war. Die Uhr stand auf fünf nach zwölf. In einem mit Sand gefüllten Glas steckte eine Christusfigur, der das Kreuz abhanden gekommen war. Bis zu den Knien im Sand und mit ausgebreiteten Armen sah sie aus wie ein New-Age-Sonnenanbeter am Strand.

Neben einem Dekret des Papstes, das besagte, Ben Ebang sei ein Pastor, hingen Fotos, die die Waljäger von Lamalera bei der Arbeit zeigten, und ein Zettel, auf dem Ben beschrieb, wie man zur Fledermaushöhle und zum Strand komme. Beim Fußballplatz rechts.

Der Weg, der sich durch Lamalera zog, war mit Felsen uneben gepflastert. Alle Häuser des Dorfes waren auf, um und zwischen Felsen gebaut. Die kleine Bucht, an der Lamalera lag, war sandig, aber eben klein. Hinter ihr begann sofort die Flanke des Vulkans.

»Selamat!«, grüßte ein Mann, der auf einem Bambusbett vor seinem Haus ruhte. Es war Sonntag, da waren die Wale sicher. Rund um das Haus war ein sehr ordentlicher Zaun aus Walknochen. Sie verwerteten wirklich jeden Teil ihres Fangs.

Wie lange die Bewohner von Lamalera an der Südküste der Insel Lembata schon von der Waljagd leben, weiß man nicht genau. Schätzungen liegen zwischen 200 und 300 Jahren. Es ist eine ziemlich isolierte Gewohnheit. Nur ein anderes Dorf namens Lamakera auf der Nachbarinsel Solor tut Ähnliches.

Und sonst nur noch die Japaner in Asien, allerdings mit ziemlich anderen Mitteln und zu wissenschaftlichen Zwecken oder wie der aktuellste Stand dieser Lüge gerade ist.

Die Bewohner Lamaleras sind von internationalen Walfangverboten ausgenommen wie meines Wissens sonst nur noch manche Inuit in der Arktis. Sie jagen in Booten, die zur Gänze aus Holz und zur Gänze selbst gemacht sind. Originalgetreu so gebaut wie jene Boote, mit denen die Vorfahren vermutlich von Lapan Batan, einer winzigen Insel, die von einem Vulkanausbruch zerstört wurde, nach Lembata flüchteten. Die Segel der Boote werden aus Palmwedeln gewebt. Nur die Harpunen sind aus Metall.

Der Harpunierer springt auf den Rücken des Wals und rammt ihm dabei die Harpune so tief wie möglich in den Körper. Ist der Wal ermüdet und längsseits des Bootes, stechen die anderen Männer mit langen Messern auf ihn ein, bis er verblutet. Es ist ein brutaler Kampf, in dem die Männer jedes Mal ihre Gesundheit aufs Spiel setzen.

Vor drei Jahren schleppte ein Wal zwei Boote weit ins Meeres-Niemandsland und versenkte sie dort. Ein drittes Boot rettete die Männer, aber sie wussten nicht mehr, wo sie waren. 36 drifteten drei Tage in einem Boot, das für zwölf ausgelegt ist, ohne Wasser und Essen, bevor sie von einer Fähre zufällig gefunden wurden.

In guten Jahren fangen die Bewohner Lamaleras vielleicht 40 Wale, in schlechten die Hälfte. Davon können sich 2000 Menschen nicht ernähren, also harpunieren sie auch Haie, Mantas und Delfine. Nur Blauwale nicht.

»Weil sie zu groß sind?«, fragte ich Ben.

»Eine Legende sagt, wir seien auf dem Rücken eines Blauwals hierher gekommen.« Wie romantisch. Und dass sie die wenigen Boote mit Außenbordmotoren, die sie besitzen, nicht zur Waljagd verwenden, war auch sehr romantisch. Sie gaben dem Tier eine faire Chance …

»Nein«, sagte Ben. »Zu gefährlich. Der Wal könnte den Motor zertrümmern oder versenken. Das käme zu teuer.«

Ich verließ das Dorf und wanderte noch durch ein anderes.

»Tuurist!«, schrien die Kinder begeistert. »Tuurist«, gurrten die Erwachsenen neugierig.

Ich fand den Fußballplatz. Ich fand keinen Weg. Ich suchte ihn eine Weile, kam dann zu dem Schluss, das gehöre so, und stieg über die Eiger-Nordwand zum Meer ab.

Der Weg begann 20 Meter hinter dem Punkt, an dem ich zu suchen aufgehört hatte.

Die Frauen, die auf den kugelrunden Felsen, die hier den Strand bildeten, Wäsche wuschen, waren verwundert, mich aus dieser Richtung kommen zu sehen. Möglicherweise hatte ich eine Erstabsteigung vollbracht.

Ich kletterte ewig weiter, bis ich zu einem schmalen Sandstreifen kam. Er lag längst im Schatten, weil ich statt 40 Minuten etwa zweieinhalb Stunden gebraucht hatte und die Sonne jetzt bereits hinter dem Vulkan stand. Ich schwamm eine Weile und ließ mich dann von der Brandung langsam mit schwarzem Sand zuschütten.

Ich war ganz allein auf der Welt.

Weit draußen konnte ich Delfine vorbeiziehen sehen. Es waren höchstens hundert.

## Wir fangen keinen Wal

Der Wal war links von uns. Richtung zehn Uhr. Ich konnte ihn ganz eindeutig nicht erkennen.

Das Meer war wüst unaufgeräumt. Ich sah nur unfreundlich hohe Wellen in der Richtung, in die der Mann zeigte, der »Pau!«, geschrien hatte.

Das hatte zehn Uhr mit elf bis neun Uhr gemeinsam.

Die anderen sahen den Wal alle. Sie rissen aufgeregt das Segel herunter und begannen mit kurzen Paddeln in schockierender Geschwindigkeit auf das wogende Meer einzustechen.

Ich saß mit meiner in zwei Plastiksäcke eingepackten, unmoralisch teuren und überhaupt hassenswerten Kamera da und hatte eine Krise.

Ich hatte gerade überprüfen wollen, ob auch ein Film drin war, als Moby Dick beschloss, auszuatmen. Meine Tasche war außer Reichweite. Fallen lassen und ein Paddel greifen ging auch nicht so wirklich, weil wir sehr viel Wasser im Boot hatten. Ich rutschte ziemlich unschlüssig und unglücklich auf dem Ast, der die Ruderbank bildete, herum und fühlte mich lächerlich überflüssig.

Ich fühlte mich wie ein ... Tourist.

Schräg vor mir saß ein alter Mann. Er hatte kaum noch Fleisch auf den Knochen, keinen einzigen Zahn mehr und er zitterte. Er trug ein verwegen spitzes Hütchen, das aus Palmenblättern geflochten war, und seine Aufgabe war sichtlich, das Wasser aus dem Boot zu schöpfen.

Zuerst dachte ich, er dürfe nur noch gnadenhalber mit. Er hatte sicher sein ganzes Leben lang Wale gejagt, war womöglich der wagemutigste Harpunierer gewesen, den Lamalera je gesehen hatte. Wenn sie ihn jetzt nicht wenigstens noch schöpfen ließen, würde er sterben.

Dann sah ich ihn rudern.

Er hielt nicht nur mit – er trieb an.

Der Gedanke, meine Hightech über Bord zu werfen und dann zu Hause die Versicherung zu betrügen, reifte dem Entschluss entgegen, als die Männer plötzlich aufhörten zu paddeln. Ihre Blicke irrten auf dem Meer herum. Offenbar sahen sie jetzt auch nur mehr Wellen. Der Wal war weg.

Entkommen, weil ich nicht mitgepaddelt hatte.

Ich war nicht der einzige Tourist im Boot der Walfänger von Lamalera. Thomas aus Zürich saß weiter hinten. Er wäre beinahe ganz früh wieder ausgestiegen, als wir in der Brandung fast kenterten.

Thomas und ich waren um halb sieben an den Strand gekommen, als die Sonne gerade aufging. Die Männer waren ernst und stumm, sie erwiderten nicht einmal unseren Gruß.

Sie sprachen ein Gebet, bevor wir das etwa acht Meter lange Boot über dicke Äste zum Wasser schoben. Als wir aus der Brandung kamen, zogen sie das Segel auf, das auch aus Palmenblättern war, wie der Hut des Alten. Dann beteten die zwölf Fischer noch einmal und erst danach wünschten sie einander und uns einen guten Morgen und begannen zu sprechen.

Alle neun Boote, die Lamalera an diesem Morgen verließen, schlugen dieselbe Route ein. Zuerst gerade auf das offene Meer hinaus, über eine Strecke von vielleicht acht oder zehn Kilometern. Dann kreuzten sie parallel zur Küste.

Eine halbe Stunde nachdem wir den Wal verloren hatten, sah einer der Männer wieder etwas. Diesmal ließen sie das Segel oben und diesmal paddelte ich mit, ahnungslos, wohinter wir her waren.

Der Harpunierer kletterte auf die Bambusrohre am Bug des Bootes, sein Sprungbrett. Er balancierte auf ihnen, ohne sich irgendwo festhalten zu können, einen langen Bambusspeer in Händen, in dessen Spitze die Harpune steckte. Er gab hektische Kommandos, in welche Richtung wir rudern sollten, und dann sprang er – für mich völlig unerwartet – mit seiner Harpune ins Wasser.

Er hatte etwas getroffen. Es tauchte und nahm rasch Leine. Wir paddelten hinterher, ziemlich entspannt. Die Männer holten die Leine langsam ein und wenig später schlug etwas rechts gegen das Boot, in einem letzten Versuch, die Harpune loszuwerden.

Es war ein Mantarochen. Er bekam einen Stich ins Genick, durch den einer der Männer einen langen Holznagel ins Nervensystem einführte. Das Tier war sofort tot. Sie hievten es an Bord. Die Spannweite der Schwingen betrug etwa zweieinhalb Meter.

»Kecil«, sagte der Mann neben mir. Klein. Sie beteten wieder.

Es war acht Uhr. Einen Wal verfolgt und einen Manta gefangen, in nur eineinhalb Stunden. Das versprach ein wirklich aufregender Tag zu werden.

In den nächsten sieben Stunden passierte nichts. Gar nichts.

Der Wind flaute ab. Es wurde unerträglich heiß. Die Oberseite des Mantas verfärbte sich von schwarz zusehends in Richtung violett. Meine wurde rot. Die meisten Männer dösten. Ich fühlte mich irgendwie schiffbrüchig.

Als wir endlich wieder Kurs auf Lamalera nahmen, war der Wind ganz weg. Wir mussten rudern. Ich spritzte dem Mann vor mir immer wieder Wasser ins Gesicht und wurde ausgelacht. Walfänger steht ab jetzt sicher nicht mehr auf der Liste meiner Traumberufe.

Knapp bevor wir die Bucht erreichten, war hinter uns ein enormes Klatschen zu hören. Es war ein Manta, der Salti schlug, als feiere er unseren Abzug.

Die Männer kümmerten sich nicht um ihn. Der neben mir sagte nur: »Kecil.«

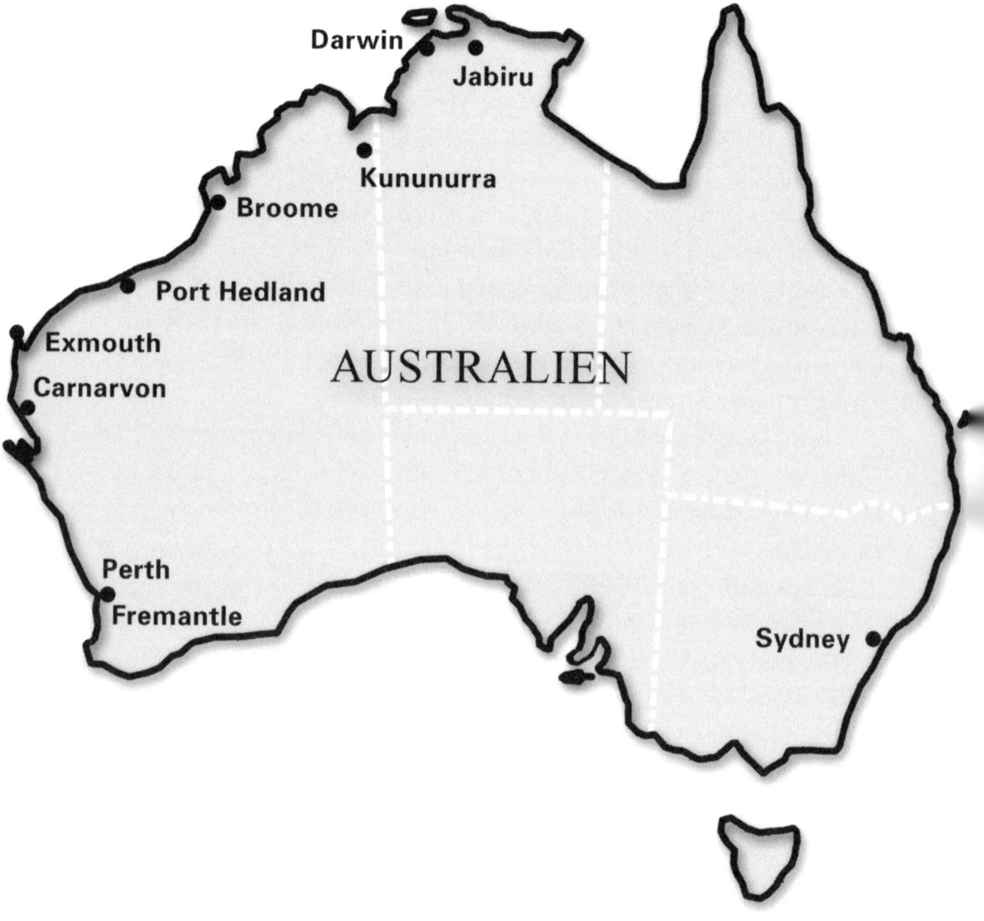
Darwin
Jabiru
Kununurra
Broome
Port Hedland
Exmouth
AUSTRALIEN
Carnarvon
Perth
Fremantle
Sydney

# AUSTRALIEN

# AUSGERECHNET AUSTRALIEN

Die Grenzbeamten am Flughafen von Darwin waren wohl gerade einen Emu füttern gewesen.

Sie trugen Khakishorts und weiße Kniestrümpfe. Wie die Ranger im Kruger-Nationalpark in Südafrika.

Steckt mich nie in so eine Uniform. Gebt mir gleich den spanischen Stiefel.

Die Einreiseformalitäten waren in irritierend kurzen 30 Sekunden erledigt. Und die Damen vom Zoll fragten nur, ob ich auch keine Orangen ins Land schmuggeln wollte. Vor Früchten fürchten sie sich hier mehr als vor Heroin. Heroin hat sicher keine Fruchtfliegen.

Ich fuhr mit Nick in die Stadt. Er hatte gerade jemanden zum Flugplatz gebracht, und da er schon einmal da war, ergab ich mich gleich meinem Schicksal, von dem ich ohnehin wusste, dass es in Australien früher oder später auf mich wartete: dem Einstieg in die Backpackerszene.

Nick gehörte die »Darwin City Lodge«, eine Unterkunft, die auf junge Rucksackreisende spezialisiert war. In diesen Lodges schläft man meist in Vierer- bis Achterzimmern. Es gibt eine Gemeinschaftsküche und nur Gemeinschaftsduschen. Man kriegt Gutscheine, die man in bestimmten Lokalen gegen billige Abendessen eintauschen kann. Oder Gutscheine, mit denen man einen Krug Bier um fünf australische Dollar bekommt und das Abendessen gratis dazu, weil dies ohnehin in etwa dem Wert entspricht. Und so weiter.

Australische Backpackerhotels sind wie Jugendherbergen, und die konnte ich schon nicht leiden, als ich jung war. Aber Sparen ist manchmal eine Notwendigkeit. Vor allem, wenn man dann später ein Vielfaches des Ersparten für Dinge wie exzessives Sporttauchen ausgeben kann, weil man ja bei den Hotels so brav gespart hat.

Darwin wirkte glatt und aufgeräumt wie eine Shopping-Mall nach Ladenschluss. Und es wirkte größer, als es ist. Platz zum Bauen haben sie hier schließlich genug. Darwin hat nur etwa 80 000 Einwohner. Das ist andererseits die Hälfte aller Menschen, die im Northern Territory Australiens leben.

Das Northern Territory hat 1 346 000 Quadratkilometer. 18,4 Mal Österreich.

»Seit drei Wochen haben wir Trockenzeit«, sagte Nick, weil er sich verpflichtet fühlte, mir sofort was über Darwin zu erzählen.

»Ich habe in Indonesien gehört, ihr habt unlängst einen Taifun gehabt«, sagte ich. Nick musste nachdenken.

»Ja, da war ein Zyklon.« Natürlich, Taifune hießen ja nur Taifune, wo ich herkam.

»Ein kleiner. Nichts Besonderes. Nichts wie Tracy.«

Tracy hatte Darwin in den siebziger Jahren mit Windgeschwindigkeiten von 280 km/h ziemlich gründlich von der Landkarte entfernt. Darum waren die Häuser auch alle so neu.

»Das ist der Mindil Beach«, fuhr Nick fort, als wir am Mindil Beach vorbeifuhren.

»Kann man schon schwimmen?«, fragte ich.

»Besser nicht. Du könntest immer noch einen Stinger treffen.«

Stinger ist der Spitzname für Box-Jellyfish, eine Qualle, deren Nesselgift tödlich sein kann. Sie treiben immerhin ein Drittel des Jahres nicht vor Darwin herum. Ansonsten muss man nur auf die Krokodile achten. Aber nur, wenn nicht gerade ein Zyklon ist.

Ich verzichtete an meinem ersten Abend in Australien auf Essensgutscheine und landete im Pub des »Victoria«-Hotels, des ältesten der Stadt. Es hatte Tracy überstanden und auch den Besuch des englischen Königs, 1901 oder so wann.

Am Klo gab es Klopapier. Das war mir schon in zwei anderen Klos aufgefallen. Das musste so üblich sein in diesem Land. Nicht mehr Wasser und linke Hand, wie in den sieben Monaten zuvor.

Ich fühlte mich vielleicht fremd.

Am Klo gab es auch Pissoirs. Hatte ich auch schon lange nicht mehr gesehen.

»You mestenschaf farnegets bloodyplumming hanignet massnagt«, sagte der Mann rechts von mir gut gelaunt und schob nach: »Hehe!«

Ich nickte und blickte nach links. Der andere sagte:

»Man, evernakfu damminam. Hemmokosan magi tang fasigan.«

»Yeah«, warf ich ein, »always the same.«

Der rechte war fertig, zippte sich seine Hose zu und schlug mir auf die Schulter.

»Nasda fongnom ta bassatet.« Er zwinkerte verschwörerisch.

»Ha!«, lachte ich, »that's true.«

Australier sind freundliche Menschen. Und sie sprechen Englisch. Angeblich.

»Sorry, mate«, sagte der Freistilringer vor dem »Sherrigan's«, dem nächsten Pub, in das ich wollte, und versperrte mit seinem Bierbauch den Eingang.

»Du wirst dich leider umziehen müssen.«

Ich trug thailändische Fischerhosen, brasilianische Schlapfen und ein österreichisches ärmelloses Leiberl. Meine Einserpanier. Ich kam richtig gut, rein optisch, darf ich sagen.

Er wies auf ein Schild im Fenster. »Strictly no thongs and no singlets.« Und gegen meine Hose hatten sie nichts?

Ich wollte in ein Lokal, das mit dem »Ritz« in Paris wenig gemein hatte. Es war voll mit Menschen in schlecht sitzenden Shorts und diesen peinlichen Trampersandalen. Solange die Oberarme bedeckt waren, konnte man sich da drin bewusstlos saufen und ausgiebig daneben benehmen. Aber ich war underdressed.

In einer Stadt, in der Daktari meinen Pass kontrollierte.

Später las ich, dass sich diese Kleidervorschriften, inoffiziell natürlich, gegen Aborigines richten, die australischen Ureinwohner, weil die meist entweder ganz ohne Schuhe oder eben mit Schlapfen wie meinen unterwegs sind.

Es tat gut, wenigstens auf der richtigen Seite zu stehen.

So war mein erster Tag in Australien. Man gewöhnt sich ja an alles. Manchmal dauert es aber eine Weile.

## Krokodil am Sprung

Bei dem Wasserfall, an dem Crocodile Dundee mit der blonden Journalistin herumtat, die nicht vergessen hatte, ihren G-String-Badeanzug in die Wildnis mitzunehmen, war ich jetzt auch.

Endlich.

Der Platz hieß Waterfall Creek. Für diesen Namen hat jemand bestimmt ganz lange nachgedacht.

Mein Führer dorthin war besser informiert als Dundee, denn er schleppte mich nicht zwei Tage zu Fuß durch den Busch und musste mich daher nicht mit bloßer Hand vor einer King-Brown-Schlange und einem Krokodil, das meine Feldflasche haben wollte, retten.

Anthony lenkte diesen extralangen Landcruiser, in dem außer mir nur noch zwölf andere und keine blonde Journalistin saßen, und er wusste um das Vorhandensein einer breiten Asphaltstraße zu diesem Ort fernab jeder Zivilisation. Er kannte auch den Campingplatz gleich neben dem Wasserfall, den mit den heißen Duschen.

Und er speerte dort keine Fische wie sein Filmkollege, denn die Ranger im Kakadu-Nationalpark schmeißen Leute schon für viel weniger raus.

Anthony hat allerdings auch schon einmal ein Krokodil getötet. Mit bloßen Reifen.

Manchmal leisten sich die Krokodile in Nordaustralien ja auch einen Ausrutscher und fressen jemanden. Aber größtenteils sind sie sehr kooperativ. Die im Adelaide River machen sogar Männchen, wenn Touristen auftauchen. Aus Disney-Filmen weiß ich natürlich, dass das alle Krokodile können wie nichts, aber nicht überall machen sie in Zusammenarbeit mit Bootsoperateuren eine Zirkusnummer in freier Wildbahn daraus.

»Lehnt euch nicht über die Reling«, sagte unser Skipper, ein junger Mann mit langen Haaren und Bierbauch, »lasst nicht einmal eine Hand raushängen. Wenn ihr ihnen eine Chance gebt, nützen sie sie. Das ist kein Spaß.«

Also hängten wir nur Stücke einer schon recht lange toten Kuh an Stangen nach draußen, so hoch, dass die amphibischen Artisten senkrecht aus dem Wasser steigen mussten, um sie zu kriegen. Wir waren nicht die einzige Gruppe auf dem Boot.

»Und wenn sich die Reihe rechts jetzt bitte wieder hinsetzt, damit die Reihe links auch Fotos machen kann.«

Es war alles fruchtbar aufregend.

Außer der Krokodilfütterung ging sich am ersten Tag nur der Wasserfall aus, weil wir viel fahren mussten. Am Abend kochten wir alle gemeinsam Spaghetti am Lagerfeuer. Jeder half. Ich etwa verwaltete den Alubeutel mit dem Roten.

Am nächsten Tag gingen sich zwei Wasserfälle aus. Sonst mussten wir viel fahren. Landschaft flimmerte vorbei, als wäre das da draußen ein riesiger Fernseher.

Graugelbe Steppen, aus denen aberwitzige Termitentürme wuchsen, Wälder aus Eukalyptus und Blutholz, durch die immer wieder Buschfeuer krochen, gelegt von der Parkverwaltung.

Die Wetlands, riesige Feuchtgebiete, die in der Regenzeit den größten Teil des Parks bedecken, aber in der Trockenzeit bis auf wenige Teiche, die Billabongs, an denen sich alle Tiere um Wasser und Nahrung raufen, wegdampfen.

Und die Felsen des Arnhem Escarpments, bizarr verformte rotbraune Elder Statesmen unter den Steinen dieser Welt.

Die aufregendsten Ereignisse des zweiten Tages waren, in dieser Reihenfolge, der Deutsche, der in die »Barramundi Gorge« gehechtet war, einen natürlichen Pool, der von senkrecht aufragenden Felswänden umschlossen wurde. Unter Wasser kollidierte der mutige Mann mit einem der bizarr verformten Rotbraunen. Er gehörte zu einer anderen Gruppe, wir kamen nur gerade hin, als ihn der Rettungshubschrauber abholte.

Dann fand Detlef, der Deutsche unserer Gruppe, der »so was wie Staatsanwalt, nur beim Amtsgericht« war, aha, beim Überqueren eines Flusses an einer seichten Stelle augenblicklich eine tiefe Stelle und verschwand eine Zeit lang. Seine Kamera war nass.

Als es schon dunkel war, fing ich eine Schlange mit der Hand, eine brandgefährliche Bestie, die im Wasser lebt, eine Feilenschlange.

Dieses Tier hat meines Wissens nach nicht einmal Zähne, die diesen Namen verdienen, und ist ungiftiger als jeder Big Mac. Wenn das Wasser niedrig steht, werden sie von den Aborigines geerntet. Die Frauen waten durch die Flüsse und Billabongs und erfühlen die Schlangen mit ihren Füßen. Dann brechen sie ihnen mit den Zähnen das Genick und essen sie.

Das dürfen aber nur die Aborigines. Ich war zwar zu allem bereit, aber wieder einmal nicht schwarz genug. Wann kriegen die Weißen weltweit endlich die gleichen Rechte wie alle anderen?

Nach der Schlangenaktion brandete mir allgemeine Bewunderung entgegen, die darin gipfelte, dass ich im Schlafsaal der »Kakadu Lodge« das Bett bekam, von dem der Besitzer, ein leicht vereinsamter Sonderling, gesagt hatte, dass darin alle Insekten landen würden, die an die Lampe stießen.

In der »Kakadu Lodge« gab es viele Insekten mit komischen Farben und Rüsseln. Alle stießen irgendwann einmal gegen die Lampe.

Der Abend war nett. Anthony spielte ein Lied auf der Gitarre. Es hieß: »Ein Mann bricht aus dem Gefängnis aus.« Anthony sägte mit dem Plektrum an der tiefen E-Saite.

Dann erzählte der Besitzer der Lodge schweinische Witze. Einer aus unserer Gruppe, dessen Namen ich mir nie merken konnte, schlug mit einem Witz zurück, in dem die Hauptperson »Herbie the sperm« hieß.

Ich wurde sehr müde.

Am nächsten Tag mussten wir viel fahren.

## Roadhouse Blues

Das Roadhouse war eigentlich schon zu.

Gerade noch eine Schlafkoje in einem Metallcontainer bekommen, so einem, der auch auf Baustellen steht. Aber der hier ist klimatisiert, mein Lieber. Das Gemeinschaftsklo hat Öffnungszeiten, aber jetzt nicht. Ich war 13 Stunden im Bus.

An der Grenze zwischen dem Northern Territory und Western Australia haben sie mich schon wieder nach Früchten durchsucht. Ich dürfte einem polizeibekannten Dattel-Dealer ähnlich sehen.

Gegessen in Kununurra, wo ich ursprünglich aussteigen wollte. Entschied mich dann doch für Turkey Creek und beim Take-away-Chinesen für gebratenen Reis. Fehler.

Weiße Australier haben natürlich recht, wenn sie sagen, alles wäre einfacher, wenn die asiatischen Australier mehr so wären wie weiße Australier. Kochen verlernen ist ein Schritt in die richtige Richtung.

Man kann ein Buschfeuer riechen. Ein Road-Train röhrt vorbei.

Das sind diese 50 Meter langen Trucks, deren Bremsweg so lang ist wie die Strecke, die der durchschnittliche österreichische Pendler am Tag zurücklegt. Nachts haben die was von Lavaströmen. In der durch die Nacht glühenden Lava sitzt einer, bei dem eine gute Chance besteht, dass er auf Amphetaminen ist, damit er wach und froh bleibt und überhaupt den Druck des Jobs aushält. Man sagt, die harten Hunde bremsen für nichts, was nicht größer ist als eine Kuh.

Dean, der Australier, mit dem ich in Vietnam eine Zeit lang unterwegs gewesen war, hatte mir einmal von einem Freund erzählt, der irgendwo im Outback auf einer Farm gearbeitet habe, und die Kühe waren am Verdursten nach ewig langer Dürre, und er musste mit einem Road-Train ständig zwischen dem Viehmarkt und dem 12 Lichtjahre entfernten irgendwo herumfahren, obwohl er keinen Führerschein dafür hatte, und dann bremste er für einen Wohnwagen, der größer war als eine Kuh, und veränderte dabei das Aussehen der 100 Kühe, die er mitführte, ziemlich drastisch.

Australier lieben solche Geschichten.

Österreich hat das Ländermatch gewonnen, hab ich beim Chinesen gelesen. Mir fehlen zehn Cent für den Cola-Automaten.

Nächster Tag.

»I wouldn't do that«, sagt der schwarze Bub wieder und wieder, immer im gleichen Tonfall, wie eine dieser Puppen, die man drückt.

Ich musste um zehn aus meinem Container raus und warte jetzt auf den Bus, vor dem Cola-Automaten, für den mir zehn Cent fehlen, und dem Videospiel, das der Bub so inständig warnt. Es ist so eines, bei dem man einen Fuß- und Faustkampf gegen den Vertreter der Maschine abhält, der meistens so heißt wie »Zerstörer« oder »Schlächter«.

Die meisten, die zum Roadhouse kommen, sind Aborigines. Frauen und viele Kinder ergießen sich aus Landcruisern oder Kombis, kaufen viele Lebensmittel und die Kinder ballen sich um die Spiele.

Sie kommen alle aus dem nahen Dorf Warmun, einem »trockenen«, in dem Alkoholverbot herrscht, das der traditionelle Führer verhängt hat. Auch im Roadhouse gibt es nicht einmal Bier. Warmun ist außerdem noch reich, weil es von der Bergbaufirma gesponsert wird, die hier im Kimberley, dem nordwestlichsten Teil Australiens, eine der größten Diamantenminen der Welt betreibt, auf Aborigine-Land.

Also kriegen die Leute hier Geld, was Pauline Hanson nicht einsieht, weil, wenn man den Schwarzen einfach so Geld gibt, dann arbeiten sie erst recht wieder nicht für die Weißen, was sie ohnehin nur sehr widerwillig tun.

Frau Hanson wird manchmal mit Eiern und Paradeisern beworfen und zwei schwarze Kinder wurden eine Zeit lang eingesperrt, weil sie Hanson angespuckt haben. Sie gründet gerade eine Partei, die »Eine Nation« heißt, und sie hat sich unter ihrem Namen ein Buch schreiben lassen: *Die Wahrheit*.

Darin steht, dass Aborigines Kannibalen waren und es selbst nach 200 Jahren Erziehung durch die Briten nicht geschafft haben, zu richtigen Menschen zu werden. Und dass nicht einzusehen ist, warum Weiße für die was tun sollten, weil die Weißen heute ja nicht schuld daran sind, was die Weißen früher mit denen taten. Abschießen, Kinder wegnehmen, das geschah doch nur zu ihrem Besten. Das mit den Kindern zumindest.

Der zweite Teil des Buches widmet sich den Asiaten. Die nicht mehr rein- und die Aborigines sich selbst überlassen, mit diesem Programm wird Australien wieder in altem Glanz erstrahlen. Erste Umfragen geben der freundlichen Frau 25 Prozent. Warum kommt mir das alles so bekannt vor?

Bin schon mit dem Hubschrauber geflogen heute. Über die Bungle Bungles. Deswegen bin ich ja überhaupt in Turkey Creek.

»Bist du schon einmal mit einem Hubschrauber geflogen?«, fragte das Mädchen, das meine Kreditkarte nahm.

»Einmal.«

»Wo war das?«

»New York.«

»Wow!«

Von Turkey Creek bis zur nächsten richtigen Stadt, Perth, sind es

3500 Kilometer. In einer Gegend wie dieser macht New York noch einiges her.

Die Bungle Bungles sind eine niedrige, sehr alte Bergkette, die von Wind und Regen im Lauf der Zeit ziemlich originell verformt wurde. Ihr Kernstück sind die Beehives, schwarz-ocker gestreifte Rundungen, die an riesige Bienenstöcke erinnern. Steine, die sich dramatisch verformen, sehen wir ja gern. Darin liegt ein wesentlicher Unterschied zwischen Steinen und anderen Sachen wie zum Beispiel Flüssen oder Autos.

Der Flug dauerte eine Dreiviertelstunde. Und jetzt warte ich.

Im Roadhouse gibt es Roadhouse-Essen. Dunkelbraun verschmorte Steaks, Hühnerleichen, diese schnurgeraden Würstchen, Pommes frites. Es ist heiß. Im Kimberley herrscht jetzt die von zwei Jahreszeiten, in der es nicht dauernd schüttet, sondern nur glüht.

Der Bus kommt pünktlich. Nach zehn Stunden.

## In der Hitze der Nacht

Es ist eine ganz normale Nacht.

Mike erklärt gerade über Mikro, dass man in seinem Bus keinen Alkohol trinken dürfe, das gehört zur Litanei, die die Greyhound-Fahrer beten müssen, wobei Mike anfügt, nicht, dass es ihm was ausmachte, er wisse ein Kühles an sich schließlich auch zu schätzen, aber so sei eben das Gesetz, und es solle niemand auf ihn persönlich böse sein, und dann sagt er »Uups!« und überfährt ein Schaf. Der Bus hopst zweimal sanft.

»Sorry. Das passiert mir dauernd.«

Mir auch.

Stätten der zufälligen, mehr oder minder erzwungenen Schlafbegegnungen sind immer Orte, an denen einem die anderen ganz besonders suspekt sind. Die machen alle Geräusche, riechen und nehmen einem den Platz weg. Ich lege manchmal Wert darauf, wer mir beim Schlafen den Platz wegnimmt.

In australischen Nachtbussen paart sich noch dazu menschliche Kälte auf höchst konkrete Weise mit physischer. Das interessanteste Detail in der Ausstattung eines Greyhounds ist nämlich eine Klimaanlage, die unabschaltbar ist und selbst entscheidet, wann es kalt genug ist.

Nie.

Nacht für Nacht, wenn sie nicht mehr durch widrige Einflüsse, wie etwa Hitze, in ihrer Funktion behindert wird, findet sie zur Höchstform. Und wenn man ihre Düsen zudreht, sammelt sich in ihnen Kondenswasser in der Temperatur des Titicacasees und man kriegt es ins Gesicht gespuckt, sowie man endlich eingeschlafen ist. Das hebt die Laune nur bedingt. Also lenkt man die Fallwinde des finnischen Frühwinters wenigstens dorthin um, wo sie weniger schaden. Zum Vordermann.

Und hofft auf einen Hintermann, der aber rein gar nichts schnallt.

Die Nacht draußen ist lau. Und so unerreichbar.

Endlich weg aus Broome, wenigstens das. Sechs Tage Regen in der Trockenzeit, weil sich irgendwo auf dem Meer ein Zyklon wichtig macht – und kein Platz im Bus. Zwischen Darwin und Perth, den beiden größten Städten der westlichen Hälfte Australiens, kommt überall einmal täglich ein Bus vorbei. Das ist nicht so viel, wenn man bedenkt, dass es von Darwin nach Perth ziemlich genauso weit ist wie von Wien zu den Färöer-Inseln oder nach Bagdad.

Sechs Tage in einer Backpacker-Lodge. Achtbettzimmer, mit der Ratte waren wir neun. Eines Nachmittagsschlafes saß sie plötzlich auf meinem Kopfpolster und schaute interessiert. Ich erklärte ihr ruhig, dass sie wenigstens unter dem Bett bleiben solle, nur so könne ich für ihre Sicherheit garantieren. Sie hielt sich in der Folge daran.

Das Bett musste man beim Frühstück im Voraus bezahlen, sonst lag mittags schon ein anderer drin. Zehn Dollar Einsatz für eine Kaffeetasse, damit man sie nicht klaut. Ein Wurlitzer mit Genesis und Tina Turner. Trinkspiele mit britischen Bierenthusiasten. Muss ich mehr sagen?

Dabei wäre Broome an sich gar nicht so schlecht. Es hat den größten Strand, den ich je gesehen habe, und er ist angeblich sogar in der Liste der fünf besten Strände Australiens. Man darf an ihm auch nackt baden.

Der Japaner in meinem Zimmer brach vor Glück fast zusammen, als er das hörte. Dann regnete es und er konnte nicht schauen gehen. Er konnte auch nicht auf besseres Wetter warten, obwohl ihm das schon sehr wichtig gewesen wäre. Aber er hatte nur mehr eine Woche Zeit und wollte in dieser Zeit noch den Ayers Rock, das Great Barrier Reef und Sydney sehen. Japaner reisen ja sehr effizient.

Broome hat auch ein großartiges uraltes Open-Air-Kino. Ich sah *Evita*, an dem Abend, an dem es nicht regnete.

Als ich Nathalie, einer deutschen Zahnarzthelferin, die immer dieses grrr! Minikleid trug und die ich mitgeschleppt hatte, um ihr zu zeigen, wo ich vor 14 Monaten bei der Massenszene vorm Präsidentenpalast in Buenos Aires gestanden war, zeigte, wo ich gestanden war (»Da! Jetztjetztjetzt! Links unter Madonna!«), interessierte sie das eigentlich nicht. Sie fand den Film überhaupt blöd und ging nachher doch nichts mit mir trinken.

Zwischen Broome und Carnavon liegen 20 Stunden und sonst nicht viel. Leeres Land. In Port Hedland leben einige Leute, um dort Eisenerz von den längsten Zügen der Welt auf Schiffe umzuschaufeln. So ein Zug ist drei Kilometer lang. Da gehen sich am Schranken ein paar Marlboros aus. Und viele Flüche.

Die Fahrt endet um vier Uhr früh, beim Roadhouse von Carnavon. Vorderhand. In fünf Stunden kommt der Anschlussbus.

Ein feister, blasser Mann mit rotblonden, nackenlangen Haaren macht es den wankenden Wartenden so bequem wie möglich. Er hat schließlich jede Nacht Leute wie uns, die nicht gerade einen auf junger Frühling machen. Wir dürfen die Rucksäcke in die Werkstatt stellen, und am Tisch einschlafen ist o.k., auch wenn man nichts kauft.

Der Flipper schluckt Dollarmünzen und bietet keine Gegenleistung. Die Ränder der Toasts in der Warmhaltevitrine biegen sich nach oben. Zum Umrühren des Nescafés gibt es Zahnarzt-Holzspächtelchen. Roadhouses lassen einen vergessen, dass jemals Essen existiert hat, das wie Essen aussieht und wie Essen schmeckt.

Irgendwann geht der Blasse zum Fernseher und sagt: »Wir haben hier nur zwei Programme.« Er dreht auf und grinst zufrieden: »Na also, besser als nichts. Mädchen.« Sie machen Morgen-Aerobic neben der Sydney Harbour Bridge und lächeln die ganze Zeit.

Draußen kippt der Himmel in ein krankes Rosa.

## Litanei vom Walhai

Die Musik kam von Pink Floyd.

Es war eine Live-Aufnahme und ich glaube, sie hieß: »Wenn ihr unbedingt hören wollt, wie sich alte Geldsäcke langweilen, können wir euch helfen.«

Das Video, das davon verbrämt wurde, zeigte mutige, mitunter leicht hüftsteife Senioren, die mit Schnorcheln und Flossen von einem Boot fielen und einem Walhai nicht nachkamen. Ein Quotenhit für jeden schwungvollen Partyabend.

Ganz besonders in Exmouth, hier sieht ja sonst kaum einer einen Walhai. Exmouth lebt vom Walhai.

Während der zwei Monate der Planktonblüte sind sie am Ningaloo Riff vor der Küste. Sie können spektakuläre 15 Meter lang werden und essen garantiert keinen Touristen. Sie werden von Spähflugzeugen verfolgt, die Boote dirigieren, auf denen man für 150 Euro Walhai-Garantie kaufen kann. Man wird punktgenau neben ihm abgesetzt und kann eine Weile hinter ihm herschnorcheln, sofern die Waden mitmachen. Ein grotesker Aufwand an Mensch, Maschine und Geld, nur um einen Fisch zu sehen.

Selbstverständlich leistete ich den Beitrag, den man von mir erwarten konnte, in Geld, wie Tausende Besucher von Exmouth.

Und selbstverständlich war es ein Wahnsinn, mit ihm zu schwimmen.

Das Video kam irgendwie anders rüber. Nach 20 Minuten Walhai von links vorne, rechts vorne und links vorne zeigte Dave (Name geändert, weil von Red. vergessen), Einheimischer, auf den Fernseher und rief: »Da! Ein Walhai!«

Das war das Witzigste, das er den ganzen Abend über gesagt hatte, wobei ich einräume, dass ich auch ziemlich lähmend war. Ich bin mir nicht sicher, ob Barbecues auch ohne mich immer so desaströs sind. Manchmal rede ich es mir ein. Versammlungen hungriger Menschen, in deren Zentrum jemand Kohlen fönt. Was soll sich daraus entwickeln?

Wir waren eine haltlos nervtötende Runde. Fünf männliche Partykiller und die Gastgeberin. Es waren ursprünglich noch zwei Frauen mehr da gewesen, aber die hatten den Vorteil, nicht hier zu wohnen.

Den größten Teil der Unterhaltung bestritt Frank, dessen Namen ich mir auch nicht merken konnte, der gemeinsam mit Dave in Exmouth Meeres-Kanutouren veranstaltete. Aber eigentlich hatte er »Technisches Management« studiert und da weiß man vieles, das andere nicht wissen. Und ich saß neben ihm. Zuerst erklärte er nur mir die genaue Funktionsweise einer Kläranlage. Da er am schnellsten von allen betrunken wurde, hielt er bald eine Vorlesung für den ganzen Tisch.

Nur Dave brachte ihn manchmal dazu, den Faden zu verlieren. Er wollte lieber vom Tourismus in Exmouth reden und von dem Platz, den sein bescheidenes Unternehmen darin hatte. Er witzelte über die Alteingesessenen in Exmouth, die schon seit 30 Jahren da waren, und was die sich so vorstellten.

Einen zwölf Meter langen Plastikhai wollten die aufstellen, um die Touristen zu empfangen! Und sie unternähmen eine Menge Anstrengungen, das North-West Cape – die Halbinsel, auf der Exmouth liegt – als Insel hinzustellen, weil sich das werbemäßig besser verkaufen ließe, obwohl auf der vierten Seite ein Fluss das Kap vom Festland trennte und nicht das Meer.

»Nun ja«, sagte Frank dazu, »es ist Wasser. Technisch gesehen ist es eine Insel.«

»Insel«, schnaubte Dave, »so ein Blödsinn.«

»Wer sagt, dass es Meerwasser sein muss?«

»Und warum muss es überhaupt eine Insel sein?«

»Es muss nicht. Aber wenn es eine ist, warum soll man das nicht ausnützen?«

»Es ist aber keine.«

»Nun ja. Es ist Wasser ...«

Pete sagte kaum etwas. Pete sagte überhaupt selten etwas. Er war ein freundlicher Kerl, der oben in Port Hedland am Bau arbeitete und alle sechs Wochen eine Woche Urlaub hatte, die er hier mit Tauchen verbrachte. Er lud andere gern auf ein Bier ein, und wenn er unvermittelt etwas sagte, dann am ehesten so was wie: »Mann, hast du diesen Arsch gesehen?«

Das fiel ja jetzt flach. Und ich, ich fühlte manchmal den Impuls, jetzt was zu sagen, aber meistens fiel mir nichts ein.

Gott, waren wir langweilig.

Ich war noch dazu langweilig und gar nicht eingeladen. Ich hatte Linda vorher nicht gekannt. Martin hatte mich zu ihr mitgenommen.

Martin ist Kärntner, und er wird nach den zwei Monaten, die er in Exmouth verbracht hat, nun doch nicht die Bäckerei in Pörtschach übernehmen, soll ich seinen Eltern hiermit ausrichten, sondern vorderhand einmal von Bali nach Sri Lanka segeln und dann weitersehen.

Er hatte den Dive-Master hier gemacht, war oft bei den Walhaien gewesen und jetzt sentimental, weil er in drei Tagen abreisen musste. Er war verantwortlich für die Video-Attacke mit den grauen Panthern, weil er einmal auch kurz im Bild war.

Linda, eine Lehrerin aus Kanada, die seit fast einem Jahr hier arbeitete, ließ das alles mit selbstzerstörerischer Gastfreundschaft über sich ergehen. Sie hörte sich Kläranlagen-Ausführungen und Tourismus-Geschichten aufmerksam an und sagte dann und wann energisch gestikulierend irgendwas politisch Korrektes dazu. Sie tat tatsächlich so, als seien wir interessante Gäste, die man gern in seinem Haus hat, und wagte nicht einmal, sichtbare Erleichterung zu zeigen, als wir uns nach quälenden Stunden endlich trollten.

Am Weg zurück zum Hotel sagte Pete noch: »Ich kann nur hoffen, die Kleine aus Singapur mit den Mandarinenbrüsten kommt morgen zum Tauchen.«

Ich sagte: »Ich glaube, es wird langsam Zeit, dass ich nach Hause fahre.«

Martin sagte: »Scheiße, ich will hier nicht weg.«

Wir alle bemerkten, dass die beiden anderen zu viel getrunken hatten.

Es war nicht schwer, Scott in Sydney zu finden.

Mit Adresse wäre es möglicherweise etwas leichter gewesen. Aber die hatte ich verloren. Ich verliere viele Adressen. Wäre dem nicht so, hätte ich euch allen natürlich Karten geschickt, dass es nur so gekracht hätte.

Mein Weg zu Scott führte über Stockholm, wo Sanna nicht war, was für eine Schwedin minder unerhört ist. Stockholm schickte aber eine E-Mail nach Alexandria, dort war Sanna nämlich, die vor einem halben Jahr in Thailand zwar Scott gekriegt hatte, aber nicht seine Telefonnummer. Die hatte sie von mir, als ich sie noch hatte und Scott schon weg war, andernfalls er mir ziemlich sicher das Kreuz gebrochen hätte, weil Männer oft eigen sein können, wenn es um die mit ihrer Telefonnummer Beteilten geht.

Sanna faxte nach Perth, Perth telefonierte nach Sydney, ins schmierigste, klebrigste Viertel von Sydney, nach Kings Cross nämlich, dem Platz, an dem die hässlichsten Huren der Welt die Gehsteige fluten und wo, das war jetzt richtig schwer zu erraten, ich wohnte.

Es ist an sich natürlich völlig egal, wie ich Scott fand. Ich wollte nur vor Augen führen, wie furchtbar kosmopolitisch einer werden kann, der mehr als die Hälfte seines Lebens im Marchfeld verbracht hat. Ich wollte sagen: Liebe Kinder, egal, wo ihr seid, Zwerndorf, Untersiebenbrunn, Lassee – wartet noch mit dem Selbstmord.

Scott hatte in Thailand nichts weniger getan, als die Regenzeit mit mir am Schachbrett zu verbringen. Er war zu diesem Zeitpunkt auf dem Heimweg nach Australien gewesen, nach mehr als einem Jahr auf Reisen. Er hatte viel Zeit in England verbracht, in Israel in einem Kibbuz gelebt und den Nahen Osten bereist.

Die anderen auf der Insel in Thailand nannten ihn Jesus von Nazareth, weil er ein bisschen so aussah, wie man gemeinhin denkt, dass der aussah, und sogar Zimmermann war. Scott war ein selbstbewusster, witziger, entspannter junger Mann – und er spielte schlechter Schach als ich.

»Überhaupt kein Problem. Du kannst bei mir wohnen«, sagte

er am Telefon. »Meine Freundin hat mich vor drei Tagen verlassen.«

Er holte mich an einer Bushaltestelle in Dee Why ab, einem der halb bis ganz noblen nördlichen Bezirke Sydneys. Er hatte einen großen, métallisé-roten Obere-Mittelklasse-Wagen und keine Haare mehr. Also, nur mehr kurze, schlecht geschnitten.

»Was ist mit deinen Haaren?«, fragte ich.

»Mein Chef«, sagte er, »ich muss schließlich Kunden besuchen. Und mit deinen?«

Für mein ebenfalls drastisch gefallenes Haupthaar war zum Großteil Jackie aus London verantwortlich. Aber jetzt zu antworten »wegen einer Frau«, hätte ziemlich angeberisch geklungen.

»Wegen einer Frau«, sagte ich. »Und wie kommst du zu diesem Auto?«

»Gehört der Firma.«

Wir brauchten nur fünf Minuten zu seiner Wohnung. Er hatte ein paar Freunde eingeladen, weil an diesem Abend das erste »State of Origin«-Rugbymatch übertragen wurde. Einmal im Jahr spielt New South Wales, der Bundesstaat, in dem Sydney liegt, gegen Queensland, und das ist eine große Sache. Ich weiß nicht, welche Art von Rugby es war, man unterscheidet zwischen drei verschiedenen, wenn man kann.

Das Spiel war langweilig, die Wohnung von der abgezogenen Ex mehr als halb leer geräumt und Scott deprimiert. Sogar seine beiden Freunde sprachen kaum über das Match, sondern sagten meistens Sachen wie: »Ach komm schon, Scott! Du bist jetzt frei. Frei! Was willst du denn noch?«

Sie gingen sofort nach Schlusspfiff.

Ich sah aus dem Fenster und adrette Zierhecken bis zum Horizont. Scott wohnte in einer höchst bürgerlichen Umgebung. Und er hatte sich für einen Job die Haare geschnitten. Ich war verstört.

»Das ist die Wohnung deiner Mutter, soweit ich mich erinnere, oder?«

»Nicht mehr. Ich habe sie gekauft.«

»Du wolltest in Dee Why leben? Ausgerechnet du?«

»Es ist nicht weit zum Strand«, sagte er missmutig. Als ob es von irgendwo in Sydney weit zum Strand wäre.

»Und das Geld?« Ich wusste, dass er keines hatte.

»Kredit.«

»Muss ein großer gewesen sein.«

»Ach wo. Läuft nur 25 Jahre.«

Ich beeinflusste seine Laune nicht gerade positiv.

Ich war in den sechs Monaten, in denen wir einander nicht gesehen hatten, in Vietnam oder Indonesien gewesen. Er auf der Bank oder bei Leuten, denen er Fenster zu verkaufen suchte. Er arbeitete nämlich gar nicht mehr als Zimmermann. Er war zum Fensterkeiler geworden. Mit billigen Hemden, wild gemusterten Krawatten und Provisionen, das volle Programm. Und er konnte sich seine Kreditraten trotzdem kaum leisten.

Als ich von meiner Reise durch Australien erzählte, stellte sich heraus, dass er gerade einmal in Brisbane gewesen war – sonst nirgendwo. Spätnachts, wir saßen längst am Schachbrett und waren gerade in der »Weißt du noch damals«-Phase, sagte er: »Ich könnte die Wohnung vermieten.«

»Und dann?«

»Dann könnte ich mir einen alten Camper-Van kaufen und durch Australien ziehen. Ein Jahr, vielleicht sogar länger. Ich meine, als Zimmermann finde ich überall Arbeit, wenn ich Geld brauche. Ich würde viel fischen, bei den Aborigines im Busch herumhängen, und wenn mir irgendwo langweilig wird, fahr ich einfach weiter. Das wär doch was, oder?«

»Ja«, sagte ich.

# EPILOG

## Bis ans Ende der Welt

Am 455. Tag bestieg ich in Sydney ein Flugzeug, das mich an den gefährlichsten Ort seit langem bringen sollte.

Nach Hause.

So endete eigentlich die Geschichte von letzter Woche und damit das ganze Tagebuch. Dann sagte jemand: »Schreib mir noch ein schönes Resümee.«

Ich sagte: »Kommt nicht in Frage. Ich weiß keins.«

Mein Schluss wurde dankenswerterweise fürs schöne Resümee aufgehoben.

Und wenigstens habe ich jetzt die Möglichkeit, Hunderttausende Menschen auf einen Schlag mit meinen Reisfotos zu langweilen. Wie viele ambitionierte Dia-Vortragende würden für so eine Chance ihre Seele verkaufen?

Ich war ja an sich glänzend gewappnet für Wien.

Gut, ich hatte nicht daran gedacht, eineinviertel Jahre lang eine Zehn-Schilling-Münze durch vier Kontinente zu tragen, um sie dann in Schwechat als Pfand in ein Gepäckswagerl stecken zu können. Mir hatte niemand verraten, wie enorm Billa in der Zwischenzeit expandiert hat.

Wahrlich, ich sage Ihnen: Ich kenne ein paar Flughäfen. Bringen Sie mich mit verbundenen Augen auf irgendeinen Flughafen dieser Welt, nehmen Sie mir die Binde ab und sofort werde ich sagen: »Das ist ein Flughafen!«

In Wien werde ich sagen: »Wo sind die glücklichen Eier um 90 Cent?«

Frisch Eingeflogenen fürs Erste, was sie im Neuland dringend brauchen, Münzen in der Landeswährung abfordern. Das muss wohl einem Vielflieger eingefallen sein.

Aber sonst war ich praktisch auf alles vorbereitet. Ich wusste, Springfluten kniffliger Fragen würden über mir kollabieren, und schon während mancher interessanten Busfahrt in Bolivien oder Vietnam hatte ich die Antworten immer wieder memoriert.

»Wo sind deine Haare?«

»In Bangkok.«

»Dünn bist geworden.«

»Ja.«

»Und wie war's?« (Die Frage der Fragen)

»Eh schön.« (Die Antwort der Antworten)

»Und wo war's am schönsten?«

»In der Hängematte. Obwohl, da war diese Schaukel an diesem Strand auf dieser Insel und es war Vollmond und ...«

»???«

»Ach so. In Asien.«

Die »Wozu fährt man weg, wenn nicht wegen der Farbe«-Einfraufraktion in meinem Umfeld würde sagen: »Na, sehr braun bist aber net worden.«

Und es würde sich auch jemand aus der »Ich bin o.k., du bist o.k.«-Liga auftreiben lassen, der an den klugen Worten »Hast du dich jetzt selbst gefunden?« nicht erstickt.

Die mir am längsten von allen Frauen bekannte Frau würde zuerst selbstverständlich recht weinen, sich aber bald fangen und unermüdlich, wie es so ihre Art ist, anregen: »Und wär's jetzt nicht Zeit, dass du dir eine Frau suchst?«

Dann würde sie mich fragen, was ich an den nächsten 200 Sonntagen essen will, und den Grund ihrer Schlaflosigkeit von »Er ist so weit und so lange weg, raucht wahrscheinlich immer noch so viel und geht möglicherweise bald pleite« auf »Er fährt möglicherweise wieder einmal so weit und so lang weg, raucht immer noch so viel und ist pleite« ändern.

Einige andere Frauen würden mich zuerst fragen »Wo warst du noch mal überall? Aha. Und von wann ist dein letzter Aids-Test?« und dann nichts mehr.

Viele Männer und eine Frau würden wissen wollen: »Heast, jetzt sag einmal, wo sind denn jetzt die schönsten Frauen der Welt?« Ganz so, als wäre diese Information von irgendeinem Nutzen für sie.

Von meinen drei besten Freunden wird einer nach wie vor beruflich, einer sexuell und einer überhaupt unbefriedigt sein, und alle werden sie immer noch dabei sein, ihren Kampf gegen den Alkoholismus langsam zu verlieren.

Ich war auf den milden Juli-Winter vorbereitet. Ebenso darauf, dass man in diesem Land auf der falschen Straßenseite fährt. Sogar darauf, dass es die FPÖ vermutlich immer noch geben würde.

Mein Vater erkannte mich nicht. Darauf war ich nicht vorbereitet.

Ich kam mit einem geborgten Handy ins Haus, gerade mit Muttern telefonierend und gefinkelt behauptend, ich sei jetzt in London. Nur der Hund wusste, woran er war, er pinkelte mir sofort auf die Füße.

Das machen wir in unserer Familie nur, wenn wir besondere Verbundenheit zum Ausdruck bringen wollen.

Papa sah mich an, als wollte ich ihm in der nächsten Sekunde eine Versicherung verkaufen, wandte sich an Mama und sagte: »Wann kommt er jetzt? Sag ihm, ich hol ihn ab.«

Dann wandte er sich wieder mir zu, um mich rauszuschmeißen.

Jedenfalls: Ich wär jetzt wieder da.